MW01678957

普通話課本 初級

作　　者：王　愉　何韞芳　吳寶榕
（按筆畫序）胡維堯　張美玲
主　　筆：張美玲
錄　　音：張美玲　何韞芳　吳寶榕
出 版 人：馮正良
封面設計：馮向遠

出版發行：星輝圖書有限公司
香港柴灣康民街 6 號
金萬豐工業大廈 3 樓 A 座
THE STARITE BOOK CO. LTD.
Flat A, 3/F., Kam Man Fung Fty. Bldg.,
6 Hong Man St., Chai Wan, Hong Kong.
電話：2544 8011
傳真：2541 2625
電子郵箱：starite@i-cable.com
版　　次：二〇〇二年四月第二版
國際書號：962 388 229 7

作者的話

這套《普通話課本》系列是由五位在香港從事普通話教學工作二十餘年的資深教師精心編寫而成的。

這套課本，內容緊貼時代、新穎實用、詞彙豐富、由淺入深、循序漸進。作者將多年來的教學經驗滲透到課本之中，並從香港人學習普通的難點入手，使說慣粵語的人能迅速學會普通話。

《普通話課本》系列，適合各界人士使用。對準備參加普通話公開測試者，也是一套實用教材。

作者（按筆畫序）

王　愉　香港城市大學兼職普通話導師

何韞芳　香港浸會大學語文中心高級語言導師

吳寶榕　香港大學專業進修學院、香港嶺南大學兼職普通話導師

胡維堯　香港嶺南大學中國語文教學與測試中心高級語文導師

張美玲　香港公務員培訓處、浸會大學和嶺南大學兼職普通話導師

目 錄

第一課

一、語音知識　　CD–A01

聲　調

（一）聲調：一個音節發音時的高低升降叫聲調。普通話有四種聲調。聲調變化的情況，可以用五度標記法來表示。

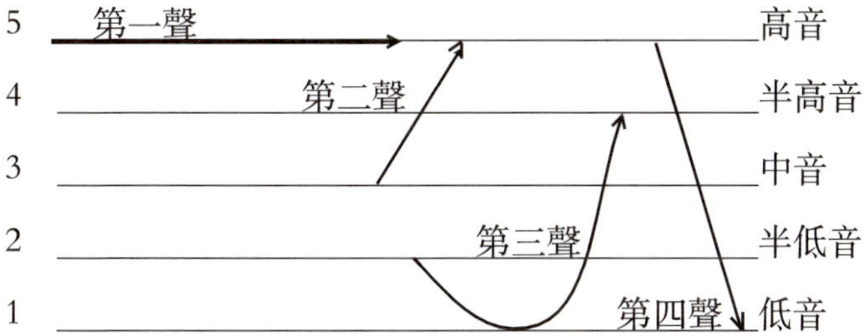

調類	調值	調號	特點	例字
第一聲（陰平）	55 ˥	ˉ	高平	媽
第二聲（陽平）	35 ˧˥	ˊ	中升	麻
第三聲（上聲）	214 ˨˩˦	ˇ	降升	馬
第四聲（去聲）	51 ˥˩	ˋ	全降	罵

輕聲：讀得又輕又短，不標聲調符號，例如：“嗎”。

（二）四聲練習：

（1）單音節練習：

媽	麻	馬	罵
婀	鵝	噁	餓
衣	姨	椅	議
烏	吳	五	務
淤	魚	雨	玉
哀	癌	矮	愛
飛	肥	匪	費
刀	捯	導	到
收	熟	手	受
分	墳	粉	奮
英	迎	影	映
鍋	國	果	過
些	鞋	寫	謝
敲	橋	巧	翹

（2）雙音節練習：

第一聲：	今天	星期	珍珠	司機
第二聲：	文明	從前	樓房	來回
第三聲：	保險	港口	廣場	所以
第四聲：	電視	順利	紀律	護照

ˉˉ ˉˊ ˉˇ ˉˋ
第一聲：公司 中國 商品 說話

ˊˉ ˊˊ ˊˇ ˊˋ
第二聲：明天 學習 來往 文化

ˇˉ ˇˊ ˇˇ ˇˋ
第三聲：語音 理由 管理 廣告

ˋˉ ˋˊ ˋˇ ˋˋ
第四聲：汽車 病人 會場 世界

（3）四音節練習：

ˉ ˉ ˉ ˉ
東 方 之 珠

ˊ ˊ ˊ ˊ
和 平 繁 榮

ˇ ˇ ˇ ˇ
彼 此 瞭 解

ˋ ˋ ˋ ˋ
慶 祝 勝 利

ˉ ˊ ˇ ˋ
心 明 眼 亮

ˉ ˊ ˇ ˋ
風 調 雨 順

ˋ ˇ ˊ ˉ
萬 古 長 青

ˋ ˇ ˊ ˉ
刻 骨 銘 心

（4）綜合練習：

ˊ ˉ ˙ ˋ ˇ ˇ ˋ ˋ
a）麻 媽 媽 罵 馬 馬 更 慢。

ˊ ˉ ˙ ˇ ˊ ˊ ˋ ˋ
b）劉 妞 妞 扭 牛 牛 更 拗。

ˊ ˙ ˉ ˇ ˙ ˉ ˇ ˇ
c）何 哥 哥 渴 了 喝 可 可。

ˊ ˙ ˋ ˉ ˉ ˋ ˋ
d）樓 上 吊 刀 刀 倒 吊。

ˋ ˙ ˉ ˙ ˉ ˋ ˉ
e）背 上 揹 個 黑 背 包。

二、詞語　CD–A02

各位	gè wèi	寶玉	bǎoyù
這位	zhèi wèi	大海	dàhǎi
那位	nèi wèi	生活	shēnghuó
公司	gōngsī	姑娘	gūniang
同事	tóngshì	名字	míngzi
大家	dàjiā	認識	rènshi
介紹	jièshào	榮幸	róngxìng
三橫	sān héng	希望	xīwàng
光明	guāngmíng	指教	zhǐjiào
安定	āndìng	關照	guānzhào
國家	guójiā	配合	pèihé
幸福	xìngfú	高個子	gāo gèzi
美麗	měilì	採購部	cǎigòubù

三、課文 CD–A03

(Huānyíng Xīn Tóngshì)
歡迎新同事

Jiǎ: Gè wèi, wǒmen gōngsī láile yí wèi xīn tóngshì, xiàng
甲：各位，我們公司來了一位新同事，向

dàjiā jièshào yíxià.
大家介紹一下。
(大家鼓掌歡迎)

Yǐ: Nǐmen hǎo, wǒ xìng Wáng, sān héng wáng,
乙：(新同事)你們好，我姓王，三橫王，

jiào Wáng Míng, guāngmíng de míng.
叫王明，光明的明。

Jiǎ: Gè wèi, nǐmen zìjǐ jièshào yíxià zìjǐ ba!
甲：各位，你們自己介紹一下自己吧！

Bǐng: Wǒ xìng Zhāng, gōng cháng zhāng, jiào Dìngguó,
丙：我姓張，弓長張，叫定國，

āndìng de dìng, guójiā de guó.
安定的定，國家的國。

Dīng: Wǒ xìng Chén, ěr dōng chén, jiào Wànfú, bǎiwàn de
丁：我姓陳，耳東陳，叫萬福，百萬的

wàn, xìngfú de fú.
萬，幸福的福。

Jiǎ: Zhèi wèi xiǎojie, nín hái méi jièshào zìjǐ ne!
甲：這 位 小姐，您 還 沒 介 紹 自己呢！

Wù: Wǒ ma, wǒ xìng Hú, gǔ yuè hú, jiào Měiyù, měilì de
戊：我 嗎，我 姓 胡，古 月 胡，叫 美玉，美麗的

měi, bǎoyù de yù.
美，寶玉的玉。

Jiǎ: Nèi wèi gāo gèzi de xiānsheng, shuōshuo nǐ zìjǐ.
甲：那 位 高 個子的 先 生 ，說 說 你自己。

Jǐ: Wǒ xìng Xǔ, yán wǔ xǔ, jiào Hǎishēng, dàhǎi de hǎi,
己：我 姓 許，言 午 許，叫 海 生 ，大海 的 海，

shēnghuó de shēng.
生 活 的 生。

Jiǎ: Zhèi wèi xiǎo gūniang jiào shénme míngzi ne?
甲：這 位 小 姑 娘 叫 甚 麼 名字呢？

Gēng: Wǒ ya, wǒ bù xiǎo le, wǒ jiào Liú Lìli, yě gāng lái
庚：我呀，我 不 小 了，我 叫 劉 麗麗，也 剛 來

jǐ tiān.
幾天。

Yǐ: Rènshile zhème duō de xīn tóngshì, wǒ gǎndào hěn
乙：認 識了 這 麼 多 的 新 同 事，我 感到 很

róngxìng, yǐhòu zài gōngzuò shang, hái xīwàng dàjiā
榮 幸，以 後 在 工 作 上 ，還 希 望 大家

duōduō zhǐjiào, duōduō guānzhào.
多多指教，多多關照。

Jiǎ: Wáng xiānsheng zài cǎigòubù gōngzuò, yǐhòu xīwàng
甲：王先生在採購部工作，以後希望

dàjiā hùxiāng pèihé, hùxiāng bāngzhù.
大家互相配合，互相幫助。

四、練習　CD–A04

（一）請把下列廣東話說成普通話：

1. 呢位
2. 嗰位
3. 邊位
4. 介紹吓
5. 叫乜嘢名
6. 識咗咁多新同事

（二）聽錄音，在每個字上標上聲調符號

1. 今天
2. 高興
3. 書本
4. 紙張
5. 貿易
6. 商場
7. 百貨
8. 市民
9. 服裝
10. 玩具

第二課

一、 語音知識　CD–A05

聲母（一）

（一） 聲母：音節開頭的部分叫聲母。發音時由於氣流受到唇、齒、舌等器官的阻礙，發音時不大響亮。

（二） 聲母：

唇音	b	p	m	f
舌尖音	d	t	n	l
舌根音	g	k	h	

（三） 聲母練習：

（1） 唇音：

b – bàba 爸爸　bóbo 伯伯
biànbié 辨別　bǎnbào 板報
bǎobèi 寶貝　bǎibù 擺佈

p – pópo 婆婆　pīpíng 批評
pípá 琵琶　pápō 爬坡
pīngpāng 乒乓　piānpì 偏僻

m – māma 媽媽　mèimei 妹妹
mǎimài 買賣　mámù 麻木
mìmǎ 密碼　méimao 眉毛

f –	fēnfāng	芬芳	fāngfǎ	方法
	fǎngfú	彷佛	fēifán	非凡
	fāfèn	發憤	fēnfù	吩咐

（2）舌尖音

d –	dāndāng	擔當	dádào	達到
	dāndiào	單調	děngdài	等待
	dàdǐ	大抵	dìdào	地道
t –	táotuō	逃脫	tǐtiē	體貼
	tuītuō	推托	tiāntāi	天台
	táitóu	抬頭	tántiān	談天
n –	nánnǚ	男女	niúnǎi	牛奶
	nínìng	泥濘	néngnai	能耐
	nǎonù	惱怒	niúnián	牛年
l –	liúlì	流利	lǐlùn	理論
	lìliang	力量	línglì	伶俐
	láilù	來路	láolù	勞碌

（3）舌根音

g –	gǔguài	古怪	gōngguān	公關
	gōnggòng	公共	gǔgàn	骨幹
	gǎigé	改革	guāguǒ	瓜果

k –	kuānkuò	寬闊	kōngkuàng	空曠
	kèkǔ	刻苦	kěkǒu	可口
	kāikè	開課	kāngkǎi	慷慨
h –	hūhuàn	呼喚	huánghūn	黄昏
	huǎnghuà	謊話	huǐhèn	悔恨
	huāhuán	花環	hánghǎi	航海

（四） 繞口令

（1）Bái māo hēi bízi
白 貓 黑 鼻子

Hēi māo bái bízi
黑 貓 白 鼻子

Hēi māo de bái bízi
黑 貓 的 白 鼻子

Pèngbòle bái māo de hēi bízi
碰破了 白 貓 的 黑 鼻子

（2）Píkù bòle bǔ píkù
皮褲 破了 補 皮褲

Píkù bú pò bù bǔ píkù
皮褲 不 破 不 補 皮褲

二、 詞語 CD–A06

稅單	shuìdān
勞駕	láojià
算錯	suàncuò
號碼	hàomǎ
檔案	dàng'àn
哪裏	nǎli
年度	niándù
計算	jìsuàn
實際	shíjì
收入	shōurù
扣除	kòuchú
免稅	miǎnshuì
總額	zǒng'é
明白	míngbai
客氣	kèqi
其次	qícì
剩下	shèngxià
麻煩	máfan
身份證	shēnfenzhèng
稅務局	Shuìwùjú
抽 2%	chōu bǎifēn zhī èr

三、課文 CD-A07

(Chá Shuìdān)
查 稅 單

Jiǎ: Shùiwùjú.
甲: (鈴……鈴……) 稅 務局。

Yǐ: Láojià, wǒ xiǎng qǐng nín chá yíxià wǒ de shuìdān
乙: 勞駕, 我 想 請 您 查 一下 我 的 稅 單

shìbushì suàncuò le
是不是 算 錯 了。

Jiǎ: Qǐngwèn nín jiào shénme míngzi?
甲: 請 問 您 叫 甚 麼 名 字?

Yǐ: Wǒ jiào Yáng Zhènlín.
乙: 我 叫 楊 振 林。

Jiǎ: Nín de shēnfenzhèng hàomǎ shì duōshao?
甲: 您 的 身 份 證 號 碼 是 多 少?

Yǐ: Wǒ de shēnfenzhèng hàomǎ shì H sì sān èr yāo yāo qī
乙: 我 的 身 份 證 號 碼 是 H 4 3 2 1 1 7

kuòhú sān.
(3)

Jiǎ: Nín de dàng'àn hàomǎ shì duōshao?
甲: 您 的 檔 案 號 碼 是 多 少?

Yǐ: Wǒ de dàng'àn hàomǎ shì wǔ G yāo H sì sān èr yāo
乙: 我 的 檔 案 號 碼 是 5 G 1-H 4 3 2 1

yāo qī sān kuòhú N.
1 7 3 (N)

Jiǎ: Qǐng nín děngyiděng. Wǒ cháguo le, nín de shuìdān
甲：請 您 等一等。我 查過 了，您 的 稅 單

méiyou cuò.
沒 有 錯。

Yǐ: Wǒ kěyǐ wèn yíxià jiǔbā nián zhì jiǔjiǔ niándù de
乙：我 可以 問 一下 98 年 至 99 年度 的

shuìshōu shì zěnyàng jìsuàn de ma?
稅 收 是 怎 樣 計算 的 嗎？

Jiǎ: Nín de shíjì shōurù, kòuchú miǎnshì zǒng'é zhīhòu, tóu
甲：您 的 實際 收入，扣 除 免 稅 總 額 之後，頭

sān wàn wǔ chōu bǎifēn zhī èr, qícì de sān wàn wǔ
三 萬 五 抽 2%，其次的 三 萬 五

chōu bǎifēn zhī qī, zài qícì de sān wàn wǔ chōu
抽 7%，再 其次 的 三 萬 五 抽

bǎifēn zhī shí'èr, shèngxià de chōu bǎifēn zhī shíqī.
12%，剩 下 的 抽 17%。

Yǐ: Ò, wǒ míngbai le, máfan nín le.
乙：噢，我 明 白 了，麻 煩 您 了。

Jiǎ: Bú kèqi.
甲：不 客氣。

四、 練習 CD-A08

（一） 請把下列廣東話說成普通話：

1. 點計嘅
2. 我明了
3. 係唔係計錯
4. 你嘅身份證號碼係幾多
5. 唔該哂
6. 唔駛客氣

（二） 請聽錄音，寫出下列詞語及其聲母（b、p、m、f、d、t、n、l、g、k、h）

1. ______________________ （__ __）
2. ______________________ （__ __）
3. ______________________ （__ __）
4. ______________________ （__ __）
5. ______________________ （__ __）
6. ______________________ （__ __）
7. ______________________ （__ __）
8. ______________________ （__ __）
9. ______________________ （__ __）
10. ______________________ （__ __）

第三課

一、語音知識　CD–A09

聲　母（二）

（一）聲母

舌面音	j	q	x	
舌尖前音	z	c	s	
舌尖後音	zh	ch	sh	r

（二）聲母練習

（1）舌面音

j –	jīngjì	經濟	jījīn	基金
	jījí	積極	jùjí	聚集
	jiājià	加價	jiǔjiā	酒家
q –	qiūqiān	秋千	qíqū	崎嶇
	qíquán	齊全	qīnqiè	親切
	qiàqiǎo	恰巧	quèqiè	確切
x –	xiūxi	休息	xīnxiān	新鮮
	xuéxí	學習	xiāngxìn	相信
	xiǎoxīn	小心	xúnxù	循序

（2） 舌尖前音（平舌音）

z –	zǔzong	祖宗	zǒngzé	總則
	zàizuò	在座	zuìzé	罪責
	zàizào	再造	zìzūn	自尊
c –	cāngcù	倉促	cāicè	猜測
	cǎocóng	草叢	cūcāo	粗糙
	cuīcán	摧殘	céngcì	層次
s –	sīsuǒ	思索	suǒsuì	瑣碎
	sōngsǎn	鬆散	sǎsǎo	灑掃
	sèsù	色素	sōusuǒ	搜索

（3） 舌尖後音（翹舌音）

zh –	zhèngzhì	政治	zhǔzhāng	主張
	zhīzhù	支柱	zhànzhēng	戰爭
	zhùzhǐ	住址	zhízhào	執照
ch –	chángchu	長處	chāichú	拆除
	chūchǎn	出產	chōngchì	充斥
	chāochū	超出	chōuchá	抽查
sh –	shǒushù	手術	shíshì	時事
	shǎoshù	少數	shēngshì	聲勢
	shīshēng	師生	shōushi	收拾

r –	róngrěn	容忍	réngrán	仍然
	róngrǔ	榮辱	ruǎnruò	軟弱
	rúruò	如若	róuruǎn	柔軟

（三）繞口令

Chī Shìzi
吃 柿子

Gézhe chuānghu sī zìzhǐ,
隔着 窗 戶 撕字紙，

Sīle zìzhǐ chī shìzi,
撕了字紙 吃 柿子，

Chīle shìzi diū zìzhǐ,
吃了 柿子 丟 字紙，

Zìzhǐ shìzi dōu méi le.
字紙 柿子 都 沒 了。

二、 詞語 CD–A10

履歷	lǚlì
出生	chūshēng
哪年	něi nián
畢業	bìyè
科目	kēmù
工作	gōngzuò
銀行	yínháng
貿易	màoyì
轉到	zhuǎndào
年初	niánchū
月底	yuèdǐ
經驗	jīngyàn
升職	shēngzhí
交通	jiāotōng
方便	fāngbiàn
假期	jiàqī
上班	shàngbān
星期	xīngqī
國際性	guójìxìng
培訓計劃	péixùn jìhuà
工商管理	gōngshāng guǎnlǐ

三、課文　CD–A11

(Miànshì)
面　試

Jiǎ: Wǒ yǐ kànguo nín de lǚlì, zhīdao nín huì shuō
甲：我 已 看 過 您 的 履歷，知 道 您 會 說

Pǔtōnghuà, wǒmen jiù yòng Pǔtōnghuà tántan ba!
普 通 話，我 們 就 用 普 通 話 談 談 吧！

Yǐ: Hǎo de.
乙：好 的。

Jiǎ: Qǐngwèn, nín shì shénme shíhou chūshēng de?
甲：請 問，您 是 甚 麼 時 候 出 生 的？

Yǐ: Wǒ shì yī–jiǔ–qī–wǔ nián sìyuè èrshí rì chūshēng de.
乙：我 是 一 九 七 五 年 四 月 二 十 日 出 生 的。

Jiǎ: Nín shì něi nián zài něi suǒ dàxué bìyè de?
甲：您 是 哪 年 在 哪 所 大 學 畢 業 的？

Yǐ: Wǒ shì yī–jiǔ–jiǔ–qī nián zài Xiānggǎng Dàxué
乙：我 是 一 九 九 七 年 在 香 港 大 學

bìyè de.
畢 業 的。

Jiǎ: Nín xiūdú shénme kēmù?
甲：您 修 讀 甚 麼 科 目？

Yǐ: Wǒ zhǔxiū gōngshāng guǎnlǐkē.
乙：我 主修 工 商 管理科。

Jiǎ: Nín zài nǎli gōngzuòguo ?
甲：您 在 哪裏 工 作 過 ?

Yǐ: Bìyè hòu, wǒ zài yì jiā yínháng gōngzuòle yì nián
乙：畢業 後，我 在 一 家 銀 行 工 作 了 一 年

bàn, qùnián niánchū zhuǎndào yìjiā màoyì gōngsī,
半，去 年 年 初 轉 到 一家 貿易 公 司，

gōngzuò dào shàng ge yuèdǐ.
工 作 到 上 個 月底。

Jiǎ: Nín zài yínháng gōngzuò de shíjiān bù cháng, wèi
甲：您 在 銀 行 工 作 的 時間 不 長，爲

shénme yào huàn gōngzuò ne ?
甚 麼 要 換 工 作 呢 ?

Yǐ: Yīnwèi wǒ xiǎng dédào duō fāngmiàn de gōngzuò jīngyàn.
乙：因 爲 我 想 得 到 多 方 面 的 工 作 經 驗。

Jiǎ: Nín wèi shénme yào dào zhèi jiā gōngsī lái gōngzuò ?
甲：您 爲 甚 麼 要 到 這 家 公 司 來 工 作 ?

Yǐ: Yīnwèi zhè shì yì jiā guójìxìng de dà gōngsī, yǒu
乙：因 爲 這 是 一 家 國際性 的 大 公 司，有

péixùn jìhuà, shēngzhí de jīhuì duō, jiāotōng yě
培 訓 計 劃，升 職 的 機會 多，交 通 也

hěn fāngbiàn.
很 方便。

Jiǎ: Nín de Pǔtōnghuà shuō de hěn hǎo, huānyíng nín
甲：您的普通話說得很好，歡迎您

dào wǒmen gōngsī lái gōngzuò.
到我們公司來工作。

Yǐ: Xièxie. Qǐngwèn gōngsī yì nián yǒu duōshao jiàqī?
乙：謝謝。請問公司一年有多少假期？

Jiǎ: Zuòmǎn yì nián hòu, yǒu qī tiān jiàqī, zuòmǎn wǔ
甲：做滿一年後，有七天假期，做滿五

nián, yǒu liǎng ge xīngqī de jiàqī.
年，有兩個星期的假期。

Yǐ: Wǒ shénme shíhou kěyǐ lái shàngbān?
乙：我甚麼時候可以來上班？

Jiǎ: Nín xià ge yuè yī hào shàngwǔ jiǔ diǎn zhōng jiù kěyǐ
甲：您下個月一號上午九點鐘就可以

lái shàngbān le.
來上班了。

Yǐ: Hǎo, xiéxie nín, zàijiàn!
乙：好，謝謝您，再見！

Jiǎ: Zàijiàn!
甲：再見！

四、練習 CD–A12

（一）請把下列廣東話說成普通話：

1. 幾時出生
2. 舊年年頭
3. 上個月尾
4. 講得好好
5. 朝早
6. 返工
7. 識講普通話

（二）請聽錄音，寫出下列詞語及其聲母：

1. ____________________（__ __）
2. ____________________（__ __）
3. ____________________（__ __）
4. ____________________（__ __）
5. ____________________（__ __）
6. ____________________（__ __）
7. ____________________（__ __）
8. ____________________（__ __）
9. ____________________（__ __）
10. ____________________（__ __）

第四課

一、語音知識　　CD–A13

韻母（一）

以 a、o、e 開頭的韻母

a	o	e	ê	er
ai	ei	ao	ou	
an	en	ang	eng	ong

（一）韻母

音節中聲母後面的部分稱爲韻母。韻母發音響亮。

（二）韻母練習

a –	māma	媽媽	bàba	爸爸
	fādá	發達	shāfā	沙發
o –	bóbo	伯伯	pópo	婆婆
	mòmò	默默	mópò	磨破
e –	gēge	哥哥	hégé	合格
	kēkè	苛刻	géhé	隔閡
ê –	ê	欸		

er –	érzi	兒子	ěrduo	耳朵
	érqiě	而且	èrshí	二十
ai –	àidài	愛戴	zāihài	災害
	hǎidài	海帶	báicài	白菜
ei –	mèimei	妹妹	féiměi	肥美
	pèibèi	配備	bèilěi	蓓蕾
ao –	tāotāo	滔滔	tǎohǎo	討好
	zǎocāo	早操	bàodào	報道
ou –	Ōuzhōu	歐洲	kòutóu	叩頭
	shōugòu	收購	dòukòu	豆蔻
an –	gānhàn	乾旱	zhǎnlǎn	展覽
	tánpàn	談判	gǎntàn	感嘆
en –	rènzhēn	認真	běnfèn	本分
	rénshēn	人參	zhènfèn	振奮
ang –	chángcháng	常常	shāngchǎng	商場
	shàngdàng	上當	chángláng	長廊
eng –	fēngshèng	豐盛	gēngzhèng	更正
	chéngméng	承蒙	dēngfēng	登峰
ong –	gòngtóng	共同	zǒngtǒng	總統
	kōngdòng	空洞	tōngróng	通融

（三） 拼音

把聲母和韻母拼在一起，就成爲一個音節。一般來說，一個音節就是一個漢字的讀音。

拼讀下列音節

韻母 / 聲母	I													
	a	o	e	-i	er	ai	ei	ao	ou	an	en	ang	eng	ong
b	ba	bo				bai	bei	bao		ban	ben	bang	beng	
p	pa	po				pai	pei	pao	pou	pan	pen	pang	peng	
m	ma	mo	me			mai	mei	mao	mou	man	men	mang	meng	
f	fa	fo					fei		fou	fan	fen	fang	feng	
d	da		de			dai	dei	dao	dou	dan		dang	deng	dong
t	ta		te			tai		tao	tou	tan		tang	teng	tong
n	na		ne			nai	nei	nao	nou	nan	nen	nang	neng	nong
l	la		le			lai	lei	lao	lou	lan		lang	leng	long
g	ga		ge			gai	gei	gao	gou	gan	gen	gang	geng	gong
k	ka		ke			kai	kei	kao	kou	kan	ken	kang	keng	kong
h	ha		he			hai	hei	hao	hou	han	hen	hang	heng	hong
j														
q														
x														
z	za		ze	zi		zai	zei	zao	zou	zan	zen	zang	zeng	zong
c	ca		ce	ci		cai		cao	cou	can	cen	cang	ceng	cong
s	sa		se	si		sai		sao	sou	san	sen	sang	seng	song
zh	zha		zhe	zhi		zhai	zhei	zhao	zhou	zhan	zhen	zhang	zheng	zhong
ch	cha		che	chi		chai		chao	chou	chan	chen	chang	cheng	chong
sh	sha		she	shi		shai	shei	shao	shou	shan	shen	shang	sheng	
r			re	ri				rao	rou	ran	ren	rang	reng	rong
	a	o	e		er	ai	ei	ao	ou	an	en	ang	eng	ong

（四）繞口令

Píng pèng pén
瓶 碰 盆

Zhè biān yí ge rén,
這 邊 一 個 人，

Dān le yí dàn píng;
擔 了 一 擔 瓶；

Nà biān yí ge rén,
那 邊 一 個 人，

Dān le yí dàn pén.
擔 了 一 擔 盆。

Píng pènglànle pén,
瓶 碰 爛 了 盆，

Pén pènglànle píng;
盆 碰 爛 了 瓶；

Mài píng mǎi pén lái péi pén;
賣 瓶 買 盆 來 賠 盆；

Mài pén mǎi píng lái péi píng.
賣 盆 買 瓶 來 賠 瓶。

Píng bù néng péi pén,
瓶 不 能 賠 盆，

Pén bù néng péi píng.
盆 不 能 賠 瓶。

二、 詞語 CD–A14

這兒	zhèr	閘口	zhákǒu
順著	shùnzhe	對不起	duìbuqǐ
馬路	mǎlù	尖沙咀	Jiānshāzuǐ
路口	lùkǒu	星光行	Xīngguāngháng
地鐵	dìtiě	怎麼走	zěnme zǒu
上環	Shànghuán	終點站	zhōngdiǎnzhàn
中環	Zhōnghuán	向右拐	xiàng yòu guǎi
旺角	Wàngjiǎo	九龍塘	Jiǔlóngtáng
倒車	dǎochē	公共汽車	gōnggòng qìchē
信德中心	Xìndé Zhōngxīn		
渡海小輪	dùhǎi xiǎolún		
港澳碼頭	Gǎng–Ào Mǎtou		
天星碼頭	Tiānxīng Mǎtou		
敞篷汽車	chǎngpéng qìchē		
怎麼個去法	zěnmege qùfǎ		
電汽化火車	diànqìhuà huǒchē		
自動扶手電梯	zìdòng fúshǒu diàntī		
山頂纜車總站	Shāndǐng lǎnchē zǒngzhàn		

三、課文　CD-A15

(Wèn Lù)
問　路（一）

Jiǎ: Duìbuqǐ, xiǎojie, qǐngwèn dào jiānshāzuǐ
甲：對不起，小姐，請 問 到 尖沙咀

Xīngguāngháng gāi zěnme zǒu?
星 光 行 該 怎麼 走？

Yǐ: Nín kěyǐ zuò chē dào Tiānxīng Mǎtou.
乙：您 可以 坐 車 到 天 星 碼 頭。

Jiǎ: Tiānxīng Mǎtou zěnmege qùfǎ?
甲：天 星 碼 頭 怎 麼個 去法？

Yǐ: Nín cóng zhèr zuò "xiǎobā" dào Wàngjiǎo, dǎo yī
乙：您 從 這兒 坐 "小 巴" 到 旺 角，倒 一

hào A gōnggòng qìchē, zuòdào zhōngdiǎnzhàn, jiù
號 A 公 共 汽車，坐 到 終 點 站，就

shì Xīngguāngháng le.
是 星 光 行 了。

Jiǎ: Qǐngwèn "xiǎobā" zhàn zài nǎr ?
甲：請 問 " 小 巴" 站 在 哪兒？

Yǐ: Nín shùnzhe zhè tiáo mǎlù yìzhí zuǒ, jiàndào dì-èr gè
乙：您 順 著 這 條 馬路 一直 走，見 到 第二 個

lùkǒu xiàng yòu guǎi, jiùshì "xiǎobā" zhàn le.
路口 向 右 拐，就是“小 巴”站 了。

Jiǎ: Xièxie nín.
甲：謝 謝 您。

Yǐ: Búyòng kèqi.
乙：不 用 客氣。

(Wèn Lù)
問　路（二）

Jiǎ: Máfan nín, dào Xìndé Zhōngxīn, zěnmege qùfǎ?
甲：麻煩 您，到 信德 中心，怎麼個 去法？

Yǐ: Nín cóng zhèr zuò diànqìhuà huǒchē dào Jiǔlóngtáng,
乙：您 從 這兒 坐 電汽化 火 車 到 九 龍 塘，

huàn dìtiě zuòdào Shànghuán. Zài Wàngjiǎo
換 地鐵 坐 到 上 環。在 旺 角

hé Zhōnghuán yào dǎo liǎng cì chē.
和 中 環 要 倒 兩 次 車。

Jiǎ: Dào Shànghuán dìtiězhàn chū něige zhànkǒu ne?
甲：到 上 環 地鐵 站 出 哪個 站 口 呢？

Yǐ: Chū Gǎng-Ào Mǎtou de zhànkǒu. Nín chūle zhákǒu
乙：出 港 澳 碼 頭 的 站 口。您 出了 閘口

xiàngqián zǒu, shàng zìdòng fúshǒu diàntī yìzhí
向 前 走，上 自 動 扶手 電梯 一直

shàng dào dìmiàn, jiù shì Xìndé Zhōngxīn le.
上 到 地 面，就 是 信德 中 心 了。

Jiǎ: Xièxie nín.
甲：謝 謝 您。

Yǐ: Bié kèqi.
乙：別 客氣。

(Wèn Lù)
問　路（三）

Jiǎ: Láojià xiānsheng, dào Shāndǐng qù, zěnme zǒufǎ?
甲：勞駕　先　生，到　山頂　去，怎麼　走法？

Yǐ: Nín kěyǐ cóng zhèr zuò dùhǎi xiǎolún guòhǎi, dào
乙：您　可以　從　這兒坐　渡海　小輪　過海，到

Zhōnghuán de Tiānxīng Mǎtou.
中　環　的　天星　碼頭。

Jiǎ: Shàngle àn, gāi zuò shénme chē?
甲：上　了岸，該　坐　甚麼　車？

Yǐ: Nín zuò chǎngpéng qìchē, kěyǐ yìzhí zuòdào Shāndǐng
乙：您　坐　敞　篷　汽車，可以一直　坐到　山　頂

lǎnchē zǒngzhàn, ránhòu zài zuò lǎnchē shàng
纜　車　總　站，然後　再　坐　纜車　上

Shāndǐng.
山　頂。

Jiǎ: Hǎo, xièxie.
甲：好，謝謝。

Yǐ: Búyòng xiè.
乙：不用　謝。

四、練習　CD-A16

（一）請把下列廣東話說成普通話：

1. 點行	2. 點去
3. 搭車	4. 落車
5. 直行	6. 轉左 / 右
7. 唔該	8. 轉車

（二）請聽錄音寫出下列詞語及其韻母：

1. ________________ （__ __）
2. ________________ （__ __）
3. ________________ （__ __）
4. ________________ （__ __）
5. ________________ （__ __）
6. ________________ （__ __）
7. ________________ （__ __）
8. ________________ （__ __）
9. ________________ （__ __）
10. ________________ （__ __）
11. ________________ （__ __）
12. ________________ （__ __）
13. ________________ （__ __）
14. ________________ （__ __）

第五課

一、語音知識　　CD–A17

韻母（二）

以 i 、ü 開頭的韻母

i	ia	ie	iao	iou (-iu)	
	ian	in	iang	ing	iong
ü	üe	üan	ün		

（一）韻母練習

i –	jījí	積極	jīqì	機器
	dìlǐ	地理	lìxī	利息
ia –	qiàqià	恰恰	jiājià	加價
	yājià	壓價	jiǎyá	假牙
ie –	xièxie	謝謝	jiějie	姐姐
	tiēqiè	貼切	jiéyè	結業
iao –	jiàotiáo	教條	miáotiao	苗條
	qiǎomiào	巧妙	xiāoyáo	逍遙
iou –	yōuxiù	優秀	yōujiǔ	悠久
	niúyóu	牛油	jiǔliú	久留

ian –	biānyán	邊沿	liánmián	連綿
	qiántiān	前天	jiānxiǎn	艱險
in –	qīnjìn	親近	xìnxīn	信心
	pīnyīn	拼音	yīnqín	殷懃
iang –	Xiāngjiāng	香江	xiàngyáng	向陽
	xiǎngxiàng	想像	xiǎngliàng	響亮
ing –	mìnglìng	命令	qíngjǐng	情景
	jīngyíng	晶瑩	xìngmíng	姓名
iong –	jiǒngjiǒng	炯炯	xióngxióng	熊熊
	xiōngyǒng	洶湧	qióngxiōng	窮兇
ü –	qūyù	區域	yǔjù	語句
	jùjū	聚居	nǚxù	女婿
üe –	yuēlüè	約略	quèyuè	雀躍
	xuěyuè	(風花)雪月	juéjué	決絕
üan –	quányuán	泉源	quánquán	全權
	yuánquān	圓圈	yuānyuán	淵源
ün –	jūnyún	均勻	xúnxún	循循
	jūnxùn	軍訓	yúnyún	云云

j、q、x、y 後面的 ü 兩點省略

（二）拼讀下列音節

韻母 / 聲母	2										4			
	i	ia	iao	ie	iou	ian	in	iang	ing	iong	ü	üe	üan	ün
b	bi		biao	bie		bian	bin		bing					
p	pi		piao	pie		pian	pin		ping					
m	mi		miao	mie	miu	mian	min		ming					
f														
d	di		diao	die	diu	dian			ding					
t	ti		tiao	tie		tian			ting					
n	ni		niao	nie	niu	nian	nin	niang	ning		nü	nüe		
l	li	lia	liao	lie	liu	lian	lin	liang	ling		lü	lüe		
g														
k														
h														
j	ji	jia	jiao	jie	jiu	jian	jin	jiang	jing	jiong	ju	jue	juan	jun
q	qi	qia	qiao	qie	qiu	qian	qin	qiang	qing	qiong	qu	que	quan	qun
x	xi	xia	xiao	xie	xiu	xian	xin	xiang	xing	xiong	xu	xue	xuan	xun
z														
c														
s														
zh														
ch														
sh														
r														
	yi	ya	yao	ye	you	yan	yin	yang	ying	yong	yu	yue	yuan	yun

（三）拼音規則

1. 起隔音作用的字母 Y 的用法：

i	ia	ie	iao	iou
ian	in	iang	ing	iong

獨立成爲音節時，寫成：

yi	ya	ye	yao	you
yan	yin	yang	ying	yong

2. ü 開頭的韻母

ü	üe	üan	ün

獨立成爲音節時，寫成：

yu	yue	yuan	yun

ü 字上的兩點省略

3. iou 與聲母相拼時省略 o，寫成 iu

例如 diu 丟

（四）繞口令

Yuányuan hé Yuányuè

圓圓和圓月

Yuányuan yuǎnyuǎn jiào Yuányuè,

圓圓 遠遠 叫 圓月，

Jiàolai Yuányuè lái shǎngyuè.

叫來 圓 月 來 賞 月。

Yuányuan shuō: Yuèyuè yuán.

圓 圓 說：月 月 圓。

Yuányuè shuō: Yuányuán yuè.

圓 月 說： 圓 圓 月。

Yuányuan shuō: Yuányuè de yǎn yuán bǐ yuè yuán.

圓 圓 說： 圓 月 的 眼 圓 比 月 圓。

Yuányuè shuō: Yuányuan de yuányǎn sài yuányuè.

圓 月 說： 圓 圓 的 圓 眼 賽 圓 月。

Jiūjìng shì Yuányuan, Yuányuè de yǎnr yuán,

究 竟 是 圓 圓， 圓 月 的 眼兒 圓，

Háishi yuányuán de yuèr yuán.

還是 圓 圓 的 月兒 圓。

二、詞語　CD–A18

電話	diànhuà
經理	jīnglǐ
哪位	něi wèi
會客	huìkè
剛才	gāngcái
小周	xiǎo Zhōu
老劉	lǎo Liú
幫忙	bāngmáng
地點	dìdiǎn
舖位	pùwèi
地區	dìqū
靠近	kàojìn
親自	qīnzì
趕緊	gǎnjǐn
要緊	yàojǐn
商量	shāngliang
馬上	mǎshàng
手提電話	shǒutí diànhuà
長途電話	chángtú diànhuà

三、課文　CD–A19

(Dǎ Diànhuà)
打 電 話（一）

（鈴…鈴…）

Jiǎ: Wéi, Jiànyè Dìchǎn Gōngsī.
甲： 喂， 建業地產 公司。

Yǐ: Qǐngwèn Liú jīnglǐ zài ma?
乙： 請問 劉 經理 在 嗎?

Jiǎ: Liú jīnglǐ zhèngzài huìkè, nín néng liúxia xìngmíng hé
甲： 劉 經理 正 在 會客， 您 能 留下 姓 名 和

diànhuà hàomǎ ma?
電 話 號碼 嗎?

Yǐ: Wǒ xìng Zhōu, diànhuà hàomǎ shì
乙：我 姓 周 ， 電 話 號碼 是

èr–bā–jiǔ–liù–sì–sān–wǔ–qī.
2 8 9 6 4 3 5 7。

Jiǎ: Děng Liú jīnglǐ huìwán kè, zài gěi nín huí diànhuà,
甲： 等 劉 經理 會 完 客， 再 給 您 回 電 話，

hǎo ma?
好 嗎?

Yǐ: Hǎo de.
乙： 好 的。

*　*　*

Yǐ：Wéi, wǒ shì Zhōu Déshēng, nín shì něi wèi?
乙：喂，我是周德生，您是哪位？

Bǐng：Ò, xiǎo Zhōu, wǒ shì Liú Wěiyè. Gāngcái nín zhǎo wǒ yǒu shénme shì ma?
丙：哦，小周，我是劉偉業。剛才您找我有甚麼事嗎？

Yǐ：Lǎo Liú, wǒ xiǎng qǐng nín bāngbang máng, zhǎo ge dìdiǎn hǎo de pùwèi.
乙：老劉，我想請您幫幫忙，找個地點好的舖位。

Bǐng：Méi wèntí, Nín xiǎng zhǎo něige dìqū de ne?
丙：沒問題，您想找哪個地區的呢？

Yǐ：Wǒ xiǎng zhǎo Zhōnghuán yídài de, zuìhǎo kàojìn dìtiězhàn.
乙：我想找中環一帶的，最好靠近地鐵站。

Bǐng：Wǒ zhèr yǒu bù shǎo zhèyàng de pùwèi, zuìhǎo nín qīnzì lái tiāo ba!
丙：我這兒有不少這樣的舖位，最好您親自來挑吧！

Yǐ：Hǎo ba, wǒ xiànzài jiù qù.
乙：好吧，我現在就去。

(Dǎ Diànhuà)
打 電 話（二）

(B...B...B...)

Jiǎ : Ế i, nín de bībījī xiǎng le.
甲 : 欸，您的BB機響了。

Yǐ : Shì a, jiè nín de shǒutí diànhuà dǎ yíxià, xíng ma?
乙 : 是啊，借您的手提電話打一下，行嗎?

Jiǎ : Nín dǎ ba!
甲 : 您打吧！

Yǐ : Wèi, wǒ shì Xú Yǒngpíng.
乙 : 喂，我是徐永平。

Bǐng : Xú zhǔrèn, wǒ shì xiǎo Lǐ ya, qǐng nín gǎnjǐn huí gōngsī.
丙 : 徐主任，我是小李呀，請您趕緊回公司。

Yǐ : Yǒu shénme yàojǐn shì ma?
乙 : 有甚麼要緊事嗎?

Bǐng : Gāngcái Shànghǎi dǎ chángtú diànhuà lái, shuō yào hé nín shāngliang yíxià kāi fēnggōngsī de shì, ràng nín
丙 : 剛才上海打長途電話來，說要和您商量一下開分公司的事，讓您

mǎshàng huí diànhuà.
馬 上 回 電 話。

Yǐ : Hào ba, wǒ mǎshàng jiù huíqu.
乙 : 好 吧, 我 馬上 就 回去。

四、練習　CD-A20

（一）請把下列廣東話說成普通話：

1. 你係邊位？
2. 劉經理喺度嗎？
3. 見緊客
4. 留底電話
5. 覆電話
6. 揾我有乜嘢事？
7. 有緊要事

（二）請聽錄音，寫出詞語並在正確的韻母下劃一橫道：

1. ＿＿＿＿＿（ia　ie　iao）
2. ＿＿＿＿＿（ia　ie　iou）
3. ＿＿＿＿＿（iao　iou　ian）
4. ＿＿＿＿＿（iou　ian　iang）
5. ＿＿＿＿＿（in　ian　iang）
6. ＿＿＿＿＿（ia　ian　iang）
7. ＿＿＿＿＿（in　iang　iong）
8. ＿＿＿＿＿（ian　iang　ing）
9. ＿＿＿＿＿（in　ian　iang）
10. ＿＿＿＿＿（in　ian　üan）

11. ____________ (ün　　üan　　ian)

12. ____________ (iang　　iong　　ing)

第六課

一、語音知識　CD–A21

韻母（三）

以 u 開頭的韻母

u	ua	uo	uai	uei (–ui)
	uan	uen (–un)		
	uang	ueng		

（一）韻母練習

u –	wúwù	無誤	fúwù	服務
	gǔwǔ	鼓舞	wǔshù	武術
ua –	wáwa	娃娃	huāguà	花褂
	shuǎhuá	耍滑	huāwà	花襪
uo –	guòcuò	過錯	duòluò	墮落
	luòtuo	駱駝	huǒguō	火鍋
uai –	kuàizhuài	快拽	wàikuài	外快
	huáichuāi	懷揣	shuāihuài	摔壞
uei (–ui) –	huíwèi	回味	guīduì	歸隊
	huìduì	匯兑	kuìtuì	潰退
uan –	zhuǎnwān	轉彎	guànchuān	貫穿
	zhuānkuǎn	專款	wǎnzhuǎn	婉轉

uen (–un) –	wēnshùn	溫順	lùnwén	論文
	fēncun	分寸	Kūnlún	崑崙
uang –	zhuàngkuàng	狀況	kuángwàng	狂妄
	zhuānghuáng	裝潢	wǎngwǎng	往往
ueng –	lǎowēng	老翁	wěngyù	蓊鬱
	wèngcài	蕹菜	shuǐwèng	水甕

（二） 拼讀下列音節：

聲母 \ 韻母	3								
	u	ua	uo	uai	uei	uan	uen	uang	ueng
b	bu								
p	pu								
m	mu								
f	fu								
d	du		duo		dui	duan	dun		
t	tu		tuo		tui	tuan	tun		
n	nu		nuo			nuan			
l	lu		luo			luan	lun		
g	gu	gua	guo	guai	gui	guan	gun	guang	
k	ku	kua	kuo	kuai	kui	kuan	kun	kuang	
h	hu	hua	huo	huai	hui	huan	hun	huang	
j									
q									
x									
z	zu		zuo		zui	zuan	zun		
c	cu		cuo		cui	cuan	cun		
s	su		suo		sui	suan	sun		
zh	zhu	zhua	zhuo	zhuai	zhui	zhuan	zhun	zhuang	
ch	chu	chua	chuo	chuai	chui	chuan	chun	chuang	
sh	shu	shua	shuo	shuai	shui	shuan	shun	shuang	
r	ru	rua	ruo		rui	ruan	run		
	wu	wa	wo	wai	wei	wan	wen	wang	weng

（三）拼音規則

1. 起隔音作用的字母 w 的用法：

u 開頭的韻母

u	ua	uo	uai	uei
uan	uen	uang	ueng	

獨立成爲音節時，寫成：

wu	wa	wo	wai	wei
wan	wen	wang	weng	

2. uei、uen 與聲母相拼時省略 e

寫成 ui、un

例如：tuī 推　tūn 吞

（四）繞口令

Chuán zhuàng Chuáng
船　撞　床

Duì hé guòlai yì zhī chuán,
對 河 過 來 一 隻 船，

Zhèi biān piāoqu yì zhāng chuáng.
這 邊 飄 去 一 張 床。

Xíngdào hézhōng hùxiāng zhuàng.
行 到 河 中 互 相 撞。

Bù zhī chuán zhuàng chuáng,
不 知 船 撞 床，

Háishi chuáng zhuàng chuán.
還是 床 撞 船。

二、詞語　CD-A22

房子	fángzi	便宜	piányi
朋友	péngyou	容易	róngyì
面積	miànjī	樓房	lóufáng
建築	jiànzhù	幸運	xìngyùn
間隔	jiàngé	木屋	mùwū
廚房	chúfáng	政府	zhèngfǔ
齊備	qíbèi	清拆	qīngchāi
兒子	érzi	開闢	kāipì
夫婦	fūfù	差餉	chāixiǎng
租金	zūjīn	廁所	cèsuǒ
一單元	yì dānyuán		
管理費	guǎnlǐfèi		
安置區	Ānzhìqū		
廉租屋	Liánzūwū		
居者有其屋	Jū zhě yǒu qí wū		

三、課文 CD–A23

（Zhù Fáng）
住 房

Jiǎ: Nǐ de fángzi shì zū de háishi mǎi de?
甲：你 的 房子 是 租 的 還是 買 的？

Yǐ: Wǒ shì zū péngyou de fángzi zhù de.
乙：我 是 租 朋 友 的 房子 住 的。

Jiǎ: Miànjī duō dà?
甲：面 積 多 大？

Yǐ: Jiànzhù miànjī yǒu wǔbǎi chǐ zuǒyòu, dàn shíyòng
乙：建 築 面 積 有 五百 呎 左右，但 實 用

miànjī juì duō zhǐyǒu sìbǎi chǐ.
面 積 最 多 只 有 四百 呎。

Jiǎ: Ò, xiāngdāng yú wǔshí píngfāng mǐ. Fángzi de jiàngé
甲：哦，相 當 於 五十 平 方 米。房 子 的 間隔

shíyòng ma?
實 用 嗎？

Yǐ: Liǎng fáng yì tīng、chúfáng、cèsuǒ qíbèi, hái suàn guò
乙：兩 房 一 廳、廚 房、廁所 齊備，還 算 過

de qù.
得 去。

Jiǎ: Nǐmen jǐkǒu rén zhù?
甲：你 們 幾口 人 住?

Yǐ: Yì jiā sì kǒu rén, liǎng ge érzi zhù yí ge
乙：一 家 四 口 人，兩 個 兒子 住 一 個

fángjiān, wǒmen fūfù liǎ zhù yí ge fángjiān.
房 間，我 們 夫婦 倆 住 一 個 房 間。

Jiǎ: Zài Xiānggǎng, néng zhùshang zhèyàng de fángzi,
甲：在 香 港，能 住 上 這 樣 的 房 子，

yǐjing suàn búcuò le. Zūjīn guì ma?
已經 算 不錯 了。租金 貴 嗎?

Yǐ: Liùqiān kuài qián yí ge yuè, zhēn gòu guì de.
乙：六 千 塊 錢 一 個 月，真 夠 貴 的。

Jiǎ: Gòu piányi de le. Nǐ lái Xiānggǎng kuài shí nián le,
甲：夠 便宜 的 了。你 來 香 港 快 十 年 了，

wèi shénme bú zìjǐ mǎi yì dānyuán ne?
爲 甚 麼 不 自 己 買 一 單 元 呢?

Yǐ: Hài, tán hé róngyì ya. Xiānggǎng de lóufáng zhème
乙：嗐，談 何 容 易 呀。香 港 的 樓 房 這 麼

guì, nǎr mǎi de qǐ ya! Ế i, nǐ ne? Nǐ zhù de shì
貴，哪兒 買 得 起 呀！欸，你 呢? 你 住 的 是

shéme fáng?
甚 麼 房 ?

Jiǎ: Wǒ hái suàn xìngyùn.Wǒ gāng lái de shíhou,mǎile yì
甲：我還算幸運。我剛來的時候，買了一

jiān mùwū,hòulái zhèngfǔ qīngchāi,ràng wǒmen
間木屋，後來政府清拆，讓我們

bāndào Ānzhìqū qù,zhùle yì nián, zhèngfǔ yòu yào kāipì
搬到安置區去，住了一年，政府又要開闢

dàolù,jiù gěi wǒmen “shànglóu” zhù “Liánzūwū” le.
道路，就給我們“上樓”住“廉租屋”了。

Yǐ: Nǐ zhēn hǎo, zhù “Liánzūwū”, fángzū piányi, yòu
乙：你真好，住“廉租屋”，房租便宜，又

búyòng jiāo chāixiǎng、guǎnlǐfèi, jiānglái hái kěyǐ mǎi
不用交差餉、管理費，將來還可以買

“Jū zhě yǒu qí wū” ne!
“居者有其屋”呢！

Jiǎ: Zhèi cì zhèngfǔ tuīchū de “Jūwū”, Wǒ yǐjing dēngjì
甲：這次政府推出的“居屋”，我已經登記

le. Dàn bù zhīdao néngbunéng chōu de dào.
了。但不知道能不能抽得到。

Yǐ: Zhùhè nǐ, zǎorì zhùshang “Jūwū” .
乙：祝賀你，早日住上“居屋”。

四、練習 CD–A24

（一） 請把下列廣東話說成普通話：

1. 你屋企幾多人?
2. 夠平嘅嘞
3. 點解唔自己買一層樓
4. 香港的樓咁貴
5. 講咁易咩
6. 都算好彩
7. 唔知抽唔抽到

（二）請聽錄音，在正確的詞語下畫一道橫線並寫其韻母。

1. 狀況　裝潢　專款　轉換（__ __）
2. 花褂　花襪　畫畫　掛畫（__ __）
3. 駱駝　懦弱　墮落　軟弱（__ __）
4. 貫穿　婉轉　轉彎　轉換（__ __）
5. 上環　雙簧　雙光　雙環（__ __）
6. 摔壞　外賣　外財　外快（__ __）
7. 春筍　遵循　傳訊　春訊（__ __）
8. 床寬　船寬　床框　窗框（__ __）
9. 蓊蓊　嗡嗡　汪汪　逛逛（__ __）
10. 追隨　最碎　墜毀　罪魁（__ __）

第七課

一、語音知識　　CD–B01

拼寫要求

（一）以詞爲連寫單位

例如：

gōng	工
gōngchéng	工程
gōngchéngshī	工程師
zǒnggōngchéngshī	總工程師
xué	學
kēxué	科學
kēxuéxìng	科學性
fēikēxuéxìng	非科學性

Wǒmen xuéxí Pǔtōnghuà 我們學習普通話。

Xiānggǎng bǎochí fánróng wěndìng.

香港保持繁榮穩定。

（二）隔音符號“'”

以 a、o、e 開頭的音節連在其他音節後面時，需要用隔音符號“'”隔開。

例如：

Xī'ān	西安	xiān	先
jī'è	飢餓	jiē	街
gǔ'ái	骨癌	guǎi	拐
fáng'ài	妨礙	fāngài	翻蓋

（三）大寫字母

1. 每句話的第一個字母要大寫
2. 專有名詞（國名、地名、街名、書名等）的第一個字母要大寫
3. 人名中姓和名的第一個字母要大寫，例如：

Liáng Míng	梁明
Zhāng Bǎoguó	張寶國
Ōuyáng Xiū	歐陽修
Sītú Měiyí	司徒美儀

Lài Chǔyàn cóng Běijīng lái Xiānggǎng.
賴 楚燕 從 北京 來 香 港

Zhōnghuá Shūjú zài Yóumádì.
中 華 書局 在 油麻地。

（四）聲調符號的標法：

聲調符號標在最響亮的元音上。

口訣：有 a 不放過

無 a 找 o、e

i，u 並列標在後

單個元音不用說。

例如：

miáotiao	苗條	kǒutóu	口頭
měiwèi	美味	liúshuǐ	流水
sǔnshī	損失	yínháng	銀行

（五）請寫出漢字：

Jiěmèi tóngbāo yìbān cháng,

Suān tián kǔ là tā xiān cháng,

Suī shì sān cān chī fàncài,

Shēntǐ shòucháng bú jiàn zhǎng.

（答案在練習裏）

二、詞語　CD–B02

放假	fàngjià	人數	rénshù
旅行	lǚxíng	訂金	dìngjīn
準備	zhǔnbèi	當然	dāngrán
打算	dǎsuan	東岸	dōng'àn
參加	cānjiā	城市	chéngshì
滿額	mǎn'é	旺季	wàngjì
出發	chūfā	見識	jiànshi
報名	bàomíng	不愧	búkuì
美國	Měiguó		
加拿大	Jiānádà		
夏威夷	Xiàwēiyí		
洛杉機	Luòshānjī		
三藩市	Sānfānshì		
奧蘭度	Àolándù		
華盛頓	Huáshèngdùn		
多倫多	Duōlúnduō		
溫哥華	Wēngēhuá		

三、課文　CD-B03

(Lǚyóu)
旅遊

Jiǎ: Xiǎo Lǐ, xià ge yuè nǐ jiù fàngjià le, zhǔnbèi shàng
甲：小李，下個月你就放假了，準備上

nǎr lǚxíng a?
哪兒旅行啊？

Yǐ: Zhèi cì, wǒ dǎsuan dào Měi-Jiā qù.
乙：這次，我打算到美加去。

Jiǎ: Nǐ cānjiā shénme lǚxíngtuán na?
甲：你參加甚麼旅行團哪？

Yǐ: Běnlái wǒ yào cānjiā Huánqiú Lǚxíngtuán de, dàn
乙：本來我要參加環球旅行團的，但

yǐjing mǎn'é le, suǒyǐ zhǐhǎo cānjiā Wǔzhōu
已經滿額了，所以只好參加五洲

Lǚxíngtuán le.
旅行團了。

Jiǎ: Nǐ shénme shíhou chūfā ne?
甲：你甚麼時候出發呢？

Yǐ: Xià ge yuè shíwǔ hào chūfā, dàn yóuyú lǚxíngtuán
乙：下個月十五號出發，但由於旅行團

bàomíng de rénshù hái bú gòu, suǒyǐ hái bù zhīdao
報名 的 人數 還 不 夠，所以 還 不 知道

néngbunéng chéngxíng.
能不能 成 行。

Jiǎ: Nǐ jiāole dìngjīn le ma?
甲：你 交了 訂金 了 嗎？

Yǐ: Dāngrán jiāo le. Měi rén sānqiān kuài, wǒmen sān ge
乙：當然 交 了。每 人 三千 塊，我們 三 個

rén, yígòng jiāole jiǔqiān kuài qián.
人，一共 交了 九千 塊 錢。

Jiǎ: Nǐ cānjiā de shì jǐ tiān yóu wa?
甲：你 參加 的 是 幾 天 遊 哇？

Yǐ: Shíliù tiān yóu.
乙：十六 天 遊。

Jiǎ: Dào Měiguó dōng'àn háishi xī'àn?
甲：到 美國 東 岸 還是 西岸？

Yǐ: Dōng-xī'àn dōu qù.
乙：東 西岸 都 去。

Jiǎ: Dōu dào nǎ xiē chéngshì ne?
甲：都 到 哪些 城市 呢？

Yǐ: Xī'àn yǒu Xiàwēiyí、Luòshānjī、Sānfānshì. Dōng'àn
乙：西岸 有 夏威夷、洛杉機、三藩市。東 岸

yǒu Àolándù、Huáshèngdùn、Niǔyuē.
有 奥 蘭度、 華 盛 頓、 紐 約。

Jiǎ: Nǐ zhèi cì hái dào Jiānádà, shì ma?
甲: 你 這 次 還 到 加拿大, 是 嗎?

Yǐ: Jiānádà, zhǐ dào Duōlúnduō hé Wēngēhuá.
乙: 加拿大, 只 到 多倫多 和 溫哥華。

Jiǎ: Nàme lǚfèi yào duōshao qián?
甲: 那麼 旅費 要 多少 錢?

Yǐ: Měi rén liǎngwàn sānqiān wǔbǎi kuài, yóuyú shì
乙: 每 人 兩 萬 三 千 五 百 塊, 由於 是

wàngjì, hái yào lìng jiā sānqiān kuài.
旺季, 還 要 另 加 三 千 塊。

Jiǎ: Hē! Zài wàngjì lǚyóu zhème guì. Nǐ wèi shénme yídìng
甲: 呵! 在 旺季旅遊 這麼 貴。你 爲 甚 麼 一定

yào zài zhège shíhou qù ne?
要 在 這個 時候 去 呢?

Yǐ: Méi bànfǎ. Zhè shíhou háizi cái fàngjià, dài tā yíkuàir
乙: 沒 辦法。這 時 候 孩子才 放 假, 帶 他一塊兒

qù jiànshi jiànshi.
去 見識 見識。

Jiǎ: Nǐ zhēn búkuì shì ge hǎo bàba.
甲: 你 真 不愧 是個 好 爸爸。

四、練習　CD–B04

（一）請把下列廣東話說成普通話：

1. 去邊度旅行？
2. 乜嘢旅行團？
3. 經已爆滿
4. 幾時起程
5. 重未知成唔成團
6. 去邊啲城市？
7. 你今次重去加拿大
8. 帶佢一齊去見識吓

（二）按拼寫要求，把下列詞語和句子寫成漢語拼音

1. 沿岸__________
2. 女兒__________
3. 原因__________
4. 房屋__________
5. 和藹__________
6. 文藝__________
7. 配偶__________
8. 驕傲 __________
9. 遙遠__________
10. 悲哀__________

11. 大家都來學習普通話。

____

12. 陳安慶喜歡看《神雕俠侶》這部小說。

____

（三）猜謎語

Jiěmèi tóngbāo yìbān cháng,
Suān tián kǔ là tā xiān cháng,
Suī shì sān cān chī fàncài,
Shēntǐ shòucháng bú jiàn zhǎng.

（謎底在答案裏找）

第八課

一、語音知識　CD–B05

第三聲字的變調

（一）全三聲

單用：好

：你真好

強調、誇張：我就是找你

（二）半三聲

老張　老陳　老趙

小豬　小牛　小兔

北京　瀋陽　武漢

（三）半三聲和全三聲對比

海洋——大海

影院——電影

土地——黃土

展示——書展

導遊——報導

（四）變讀第二聲

měihǎo ——讀成——美好

yěxǔ ——讀成——也許

yǎnjiǎng ——讀成——演講

kěyǐ ——讀成——可以

yǐnqǐ ——讀成——引起

（五）多個三聲字的變調

（1）三個三聲字

kěyǐ mǎi ——讀成——可以買

yěxǔ yǒu ——讀成——也許有

bǎoguǎn hǎo ——讀成——保管好

hěn liǎojiě ——讀成——很了解

mǎi wǔ běn ——讀成——買五本

yě hěn hǎo ——讀成——也很好

（2）多個三聲字，可以按語意或詞的結構分爲若干部分，再按變調規律變調。

我想買五把傘 —— 我想買|五把傘。

你也請馬導演 —— 你也請|馬導演。

哪種產品買保險 —— 哪種|產品|買保險

二、詞語　CD–B06

咱們	zánmen
點心	diǎnxin
酒樓	jiǔlóu
快餐	kuàicān
口味	kǒuwèi
喜歡	xǐhuan
蝦餃	xiājiǎo
雞紮	jīzá
一籠	yì lóng
一盤	yì pán
一碟	yì dié
嚐嚐	chángchang
黃花兒	huánghuār
木耳	mù'ěr
雞蛋	jīdàn
豬肉	zhūròu
膻味	shānwèi
腰果	yāoguǒ
冬筍	dōngsǔn
豆腐	dòufu
小蔥	xiǎocōng

口福	kǒufú
地道	dìdao
一塊兒	yíkuàir
鹹水角	xiánshuǐjiǎo
木樨肉	mùxiròu
獅子頭	shīzitóu
柿子椒	shìzijiāo
胡蘿蔔	húluóbo
叉燒腸粉	chāshāo chángfěn
乾炒牛河	gānchǎo niú-hé
宮保雞丁	gōngbǎo jīdīng
蔥爆羊肉	cōngbào yángròu
雪裏紅肉絲米粉	xuělǐhóng ròusī mǐfěn

三、課文　CD–B07

(Chī Fàn)
吃 飯（一）

Jiǎ：Zǒu ba，zánmen yíkuàir chī wǔfàn qù.
甲：走 吧，咱 們 一塊兒 吃 午飯 去。

Yǐ：Jīntiān wǒ xiǎng chī xiē diǎnxin. Zánmen shàng
乙：今天我 想 吃 些 點 心。咱 們 上

Huáguāng Jiǔlóu hǎo ma?
華 光 酒 樓 好 嗎?

Jiǎ：Hǎo wa. Nàr de diǎnxin búcuò，tiāntiān chī kuàicān，
甲：好 哇。那兒的 點 心 不 錯，天 天 吃 快 餐，

jīntiān huànhuan kǒuwèi.
今天 換 換 口 味。

Yǐ：Nǐ lái xiě ba. Měi rén jiào yí yàng hǎo le. zhèyàng
乙：你 來 寫 吧。每 人 叫 一 樣 好 了。這 樣

yòu kuài yòu néng hé dàjiā de kǒuwèi.
又 快 又 能 合 大家的 口 味。

Jiǎ：Wǒ yào yì lóng xiājiǎo.
甲：我 要 一 籠 蝦 餃。

Yǐ：Wǒ zuì xǐhuan chī jīzá le.
乙：我 最 喜 歡 吃 雞 紮 了。

Bǐng：Wǒ lái yì pán chāshāo chángfěn.
丙　：我 來 一 盤 叉燒 腸粉。

Dīng：Wǒ diǎn yì dié xiánshuǐjiǎo.
丁　：我 點 一 碟 鹹水角。

Jiǎ　：Chúle diǎnxin, hái yàobuyào jiào fěn-miàn zhī lèi de?
甲　：除了點心，還要不要叫粉麵之類的？

Bǐng：Lái yí ge xuělǐhóng ròusī mǐfěn.
丙　：來 一 個 雪裏紅 肉絲 米粉。

Dīng：Zài lái yì pán gānchǎo niú-hé.
丁　：再 來 一 盤 乾炒 牛河。

Yǐ　：Wǒ kàn gòu le, xiān diǎn zhème duō ba!
乙　：我 看 夠 了，先 點 這麼 多 吧！

(Chī Fàn)
吃　飯(二)

Jiǎ: Jīntiān qǐng nǐ chángchang wǒ qīnshǒu zuò de
甲：今天 請你 嚐嚐 我親手 做的

Běijīngcài.
北京菜。

Yǐ: Tài hǎo le. Hē, zhème duō cài. Zhè pán shì shénme
乙：太好了。呵，這麼多菜。這 盤是 甚麼

cài ya?
菜呀?

Jiǎ: Zhè shì mùxiròu. Shì yòng huánghuār、mù'ěr、
甲：這 是 木樨肉。是 用 黃 花兒、木耳、

ròupiàn、jīdàn chǎozài yìqǐ de.
肉片、雞蛋 炒在一起的。

Yǐ: Zhēn xiāng a. Zhège ne?
乙：真 香 啊。這個 呢?

Jiǎ: Zhè jiào shīzitóu. Shì yòng zhūròu zuò de.
甲：這 叫 獅子頭。是 用 豬肉 做的。

Yǐ: Yàngzi zhēn xiàng shīzitóu, yòu yuán yòu dà. Chī qilai
乙：樣子真 像 獅子頭，又 圓 又大。吃起來

hái tǐng nèn de .
還 挺 嫩 的。

Jiǎ: Zhè shì cōngbào yángròu.
甲：這 是 蔥爆 羊 肉。

Yǐ: Zhè yángròu shānbushān na?
乙：這 羊肉 羶不羶 哪？

Jiǎ: Nǐ chángchang jiù zhīdao le.
甲：你 嚐 嚐 就 知道 了。

Yǐ: Zhēn de, yìdiǎnr shānwèi dōu méiyou.
乙：真 的，一點兒 羶味 都 沒有。

Jiǎ: Chángchang zhè gōngbǎo jīdīng bǎ. Bǎ dōngsǔn、
甲：嚐 嚐 這 宮保 雞丁 吧。把 冬 筍、

jīdīng、shìzijiāo、húluóbo, dōu qiēchéng dīng yìqǐ
雞丁、柿子椒、胡蘿蔔，都 切成 丁 一起

chǎo. Zuìhòu jiāshang, zháhǎo de yāoguǒ.
炒。最後 加上，炸好 的 腰果。

Yǐ: Zhè pán bú shì dòufu ma? Shàngbianr hái sǎshang
乙：這 盤 不是 豆腐 嗎？ 上邊兒 還 撒上

xiǎocōng ne!
小蔥 呢！

Jiǎ: Zhè jiù shì Běijīngrén shuō de "Xiǎocōng bàn dòufu,
甲：這 就 是 北京人 說 的"小蔥 拌 豆腐，

yì qīng èr bái".
一清 二白"。

Yǐ: Jīntiān zhēn yǒu kǒufú, kěyǐ chángdào zhème duō
乙：今天 真 有 口福，可以 嚐 到 這麼 多

dìdao de Běijīngcài!
地道 的 北京 菜！

四、練習　CD–B08

（一）請把下列廣東話說成普通話

1. 食晏
2. 雪菜
3. 金針
4. 雲耳
5. 配料
6. 燈籠椒
7. 騷味
8. 正宗

（二）請聽錄音，把下列的三聲字按實際讀音把調號寫入括號內

（1）手（　）錶（　）　（2）理（　）想（　）　（3）勉（　）強（　）

（4）輔（　）導（　）　（5）反（　）省（　）　（6）野（　）草（　）

（7）李（　）老（　）闆（　）　（8）買（　）保（　）險（　）

（9）有（　）想（　）法（　）　（10）五（　）百（　）本（　）

（11）馬（　）廠（　）長（　）　（12）展（　）覽（　）館（　）

（三）拼讀下列句子並寫成漢字。

（1）Běn Gǎng chǎnpǐn hěn hǎo.

____

（2）Wǒ hěn xiǎng mǎi bǎoxiǎn.

____

（3）Nǐ yǒu měihǎo lǐxiǎng.

____

第九課

一、語音知識　　CD–B09

“一”字和“不”字的變調

（一）“一”字的變調

“一”字原調讀第一聲

如：單用：一·二·三，一一得一，一一過問

詞尾：十一，萬一，統一，唯一，始終如一

序數：第一，一號球員，一樓，　一單元，

一九九一年

“一”字在第一聲、第二聲、第三聲字前，變讀第四聲			“一”字在第四聲字前變讀第二聲	“一”字夾在詞語中變讀輕聲
ˋ ˉ	ˋ ˊ	ˋ ˇ	ˊ ˋ	× · ×
一分	一時	一秒	一刻	聽一聽
一隻	一頭	一匹	一個	想一想
一斤	一錢	一兩	一磅	等一等
一天	一年	一晚	一月	看一看

（二）“不”字的變調

不字原調讀第四聲如：單用：“不!”句尾“你去不?”

“不”字在第一聲，第二聲，第三聲字前，讀原調第四聲			“不”字在第四聲字前變讀第二聲	“不”字夾在詞語中變讀輕聲
ˋ ˉ	ˋ ˊ	ˋ ˇ	ˊ ˋ	× · ×
不高	不肥	不矮	不瘦	好不好
不溫	不涼	不冷	不熱	去不去
不黑	不白	不紫	不綠	差不多
不酸	不甜	不苦	不辣	吃不消

（三）“一”字和“不”字讀音練習：

ˋ ˇ ˋ ˊ
一五一十

ˋ ˉ ˋ ˉ
一朝一夕

ˋ ˊ ˊ ˋ
一前一後

ˋ ˇ ˊ ˋ
一左一右

ˋ ˇ ˊ ˋ
一舉一動

ˋ ˊ ˊ ˋ
一模一樣

ˋ ˉ ˊ ˋ
一心一意

ˋ ˉ ˊ ˋ
一生一世

ˊ ˋ ˊ ˋ
不上不下

ˊ ˋ ˋ ˇ
不大不小

ˋ ˇ ˊ ˋ
不好不壞

ˋ ˉ ˋ ˇ
不清不楚

ˋ ˉ ˊ ˋ
不三不四

ˋ ˊ ˊ ˋ
不聞不問

二、詞語　CD–B10

秘書	mìshū
宴客	yànkè
大致	dàzhì
答覆	dáfù
落實	luòshí
確定	quèdìng
菜單兒	càidānr
傳真	chuánzhēn
修改	xiūgǎi
餐酒	cānjiǔ
訂座兒	dìngzuòr
廖先生	Liào xiānsheng
鳳凰廳	Fènghuángtīng
總經理	zǒngjīnglǐ
龍鳳酒樓	Lóngfèng jiǔlóu
博大公司	Bódà gōngsī
高層官員	gāocéng guānyuán
單獨房間	dāndú fángjiān

三、課文　CD-B11

(Dìng Zuòr)
訂　座兒

甲：博大公司秘書（馬小姐）
乙：龍鳳酒樓職員（廖先生）

Yǐ：Zhèr shì Lóngfèng jiǔlóu, wǒ xìng Liào.
乙：這兒是龍鳳酒樓，我姓廖。

Jiǎ：Ò, shì Liào xiānsheng, wǒ shì Bódà gōngsī de mìshū, wǒ xìng Mǎ.
甲：哦，是廖先生，我是博大公司的秘書，我姓馬。

Yǐ：Mǎ xiǎojie, nín hǎo. Nín shì wèn jīntiān wǎnshang yànkè de shì ba?
乙：馬小姐，您好。您是問今天晚上宴客的事吧？

Jiǎ：Shì a. Zuótiān wǒ yǐjing bǎ dàzhì de yāoqiú gēn nǐmen shuōle, nǐmen shuō jīntiān gěi wǒ dáfù, suǒyǐ wènwen luòshí de qíngkuàng.
甲：是啊。昨天我已經把大致的要求跟你們說了，你們說今天給我答覆，所以問問落實的情況。

Yǐ : Nǐmen zhè cì shì yànqǐng nèidì de gāocéng guānyuán,
乙 : 你們 這次是 宴請 內地的 高層 官員,

xiǎng yào yí ge dāndú de fángjiān. Wǒmen zǒngjīnglǐ
想 要 一個 單獨的 房 間。我 們 總經理

yǐjing ānpáile Fènghuángtīng gěi nǐmen yànkè.
已經 安排了 鳳 凰 廳 給 你 們 宴客。

Jiǎ : Nà tài hǎo le. Wǒmen de rénshù yǐjing quèdìng le,
甲 : 那 太 好 了。我 們 的 人 數 已經 確 定 了,

yígòng èrshí sì wèi.
一 共 二十 四 位。

Yǐ : Zhènghǎo kāi liǎng zhuō. Cài shì nǐmen diǎn ne,
乙 : 正 好 開 兩 桌。菜 是 你 們 點 呢,

háishi wǒmen tì nǐmen pèi ne?
還 是 我 們 替 你 們 配 呢?

Jiǎ : Nǐmen pèi ba, nǐmen nèiháng.
甲 : 你 們 配 吧, 你 們 內 行。

Yǐ : Cài dānr xiě hǎo yǐhòu, wǒ chuánzhēn gěi nín, nǐmen
乙 : 菜 單兒寫 好 以後, 我 傳 真 給 您, 你 們

kěyǐ zài tíchū xiūgǎi.
可以 再 提 出 修 改。

Jiǎ : Hǎojí le.
甲 : 好 極了。

Yǐ : Nǐmen yào hē shénme jiǔ?Xūyào wǒmen zhǔnbèi ma?
乙 : 你們 要 喝 甚 麼 酒?需 要 我 們 準 備 嗎?

Jiǎ : Qǐng nǐmen zhǔnbèi yìxiē cānjiǔ, qítā de jiǔ ma,
甲 : 請 你們 準 備 一些 餐酒, 其他 的 酒 嘛,

wǒmen huì zìjǐ dài jǐ píng.
我 們 會 自己 帶 幾 瓶。

Yǐ : Xièxie nǐmen zūyòng wǒmen de jiǔlóu yànkè. Xiàwǔ
乙 : 謝 謝 你 們 租 用 我 們 的 酒樓 宴客。下 午

wǒ jiù bǎ càidānr chuánzhēn gěi nín, rúguǒ yào xiūgǎi,
我 就 把 菜單兒 傳 真 給 您, 如 果 要 修 改,

wǔ diǎn qián dǎ diànhuà gěi wǒmen jiù xíng le .
五 點 前 打 電 話 給 我 們 就 行 了。

Jiǎ : Xiěxie. Zàijiàn.
甲 : 謝 謝。再 見。

Yǐ : Zàijiàn.
乙 : 再 見。

四、練習 CD-B12

（一）請把下列廣東話說成普通話：

1. 訂位
2. 飲酒
3. 食飯
4. 請飲
5. 飲勝
6. 幾樽
7. 兩枱
8. 就得啦
9. 飲飲食食

（二）請聽錄音按實際發音標上下列“一”和“不”字的聲調符號。

1. 一錢不值
2. 一動不動
3. 一塵不染
4. 一絲不苟
5. 一毛不拔
6. 一去不回
7. 一成不變
8. 一言不發
9. 一件不留
10. 一字不漏

第十課

一、語音知識　　CD–B13

輕　聲

在普通話裏，每個音節都有自己的聲調，但是在說話時，有的音節在連讀時，往往失去了原有的聲調，讀得又輕又短，這就是輕聲。輕聲是一種音變現象。

（一）下列情況一般讀輕聲：

（1）助詞：結構助詞：的、得、地

時態助詞：着、了、過

語氣助詞：嗎、吧、呢、呀、哇

（2）詞綴：兒、子、頭、麼、巴、們

（3）方位詞：上、下、裏、邊

（4）趨向動詞：來、去、出來、進去、回來、出去

（5）重疊的動詞和名詞第二個音節：走走、跑跑、媽媽、星星

（6）夾在動詞中的“一”和“不”或形容詞中的“不”：

等一等、看一看、去不去、好不好

（7）有些雙音節詞語，第二個音節習慣上讀輕聲：

先生　小姐　衣服　客氣　朋友

故事　事情　麻煩　豆腐　認識

（二）輕聲有區別詞義的作用：

東西
- dōngxī（東邊和西邊）
- dōngxi（泛指各種事物）

對頭
- duìtóu（正確、合適）
- duìtou（仇敵、對手）

地道
- dìdào（地下通道）
- dìdao（純正、標準）

大意
- dàyì（主要的意思）
- dàyi（疏忽、馬虎）

人家
- rénjiā（住家、家庭）
- rénjia（自己或別人）

地下
- dìxià（地面以下）
- dìxia（地表面）

（三） 繞口令

Tóu Zì Gē
頭 字 歌

Shānshang shítou
山 上 石 頭

Dìshang mùtou
地 上 木 頭

Zuǐli shétou
嘴裏 舌 頭

Shǒushang zhǐtou
手 上 指 頭

Zǒu dào mǎtou
走 到 碼 頭

Shuāi ge gēntou
摔 個 跟 頭

Jiǎn ge mántou
撿 個 饅 頭

Xǐ zài méitou
喜 在 眉 頭

二、詞語 CD–B14

揹	bēi
霧	wù
出差	chūchāi
攝影	shèyǐng
相約	xiāngyuē
技術	jìshù
景致	jǐngzhì
鏡頭	jìngtóu
伸縮	shēnsuō
大廈	dàshà
發燒友	fāshāoyǒu
愛好者	àihàozhě
湊熱鬧	còu rènao
一流兒	yīliúr
照相機	zhàoxiàngjī
“傻瓜”機	shǎguājī
相片兒	xiàngpiānr
濾光鏡	lǜguāngjìng
自動對焦	zìdòng duìjiāo

三、課文 CD-B15

(Zhàoxiàng)
照 相

Huá : Zhènxiáng, zhè wèi shì Xiǎo Tián, wǒ shàng Běijīng chūchāi rènshi de.
華 : 振祥，這位是小田，我上北京出差認識的。

Xiáng: Nín hǎo.
祥 : 您好。

Tián : Bié chēng "nín" nàme kèqi, jiù jiào wǒ Xiǎo Tián ba.
田 : 別稱"您"那麼客氣，就叫我小田吧。

Huá : Tā zhènghǎo dào Xiānggǎng lái kāihuì, suǒyǐ wǒ bǎ tā yě dàilai, gēn zánmen yíkuàir qù zhàozhao xiàng.
華 : 他正好到香港來開會，所以我把他也帶來，跟咱們一塊兒去照照相。

Xiáng: Ó, tā yě shì shèyǐng "fāshāoyǒu"?
祥 : 哦，他也是攝影"發燒友"?

Tián : "Fāshāoyǒu"?
田 : "發燒友"?

Huá ：Jiùshì zháomí de yìsi.
華 ：就是 著 迷 的 意思。

Tián ：Shì a, wǒ hěn xǐhuan zhàoxiàng.Tīng Guóhuá shuō,
田 ：是 啊，我 很 喜 歡 照 相。聽 國 華 說，

nǐmen jǐ ge shèyǐng àihàozhě jīngcháng xiāng yuē qù
你們 幾個 攝 影 愛好 者 經 常 相 約 去

zhàoxiàng, jìrán yǒu zhège jīhuì, wǒ yě lái còucou
照 相，既然 有 這個 機會，我 也 來 湊 湊

rènao.
熱 鬧。

Huá ：Xiǎo Tián de shèyǐng jìshù yīliúr, Nǐ kànkan tā
華 ：小 田 的 攝 影 技術 一流兒，你 看 看 他

bēi de zhàoxiàngjī jiù zhīdao le!
揹 的 照 相 機 就 知道 了！

* * *

Huá ：Tàipíng Shān shì pāishè Wéiduōlìyà Gǎng de hǎo
華 ：太 平 山 是 拍 攝 維 多利亞 港 的 好

dìfang. Nǐmen kàn, duō piàoliang!
地 方。你 們 看， 多 漂 亮！

Xiáng：Zánmen de yùnqi zhēn hǎo, jīntiān méi wù, hǎigǎng
祥 ：咱 們 的 運 氣 真 好，今 天 沒 霧，海 港

de jǐngzhì kàn de zhème qīngchu.
的 景 致 看 得 這麼 清 楚。

Huá : Zhènxiáng, nǐ kàn, Měilián háishi yòng "shǎguājī"
華 : 振 祥 , 你 看, 美 蓮 還 是 用 "傻 瓜機"

zhào, nà nǎr néng zhàochū shénme hǎo xiàngpiānr a.
照 , 那哪兒 能 照 出 甚 麼 好 相 片兒 啊。

Xiáng: Nǐ méi kànjian ma, tā yǐjing huànle yí ge jìngtóu
祥 : 你 沒 看見 嗎, 她 已經 換 了一個 鏡頭

néng shēnsuō de "shǎguājī", bǐ yǐqián nàge
能 伸 縮 的"傻 瓜機", 比 以 前 那個

gāojí duō le.
高級 多 了。

Tián : Qíshí, xiànzài de quán zìdòng duìjiāo zhàoxiàngjī
田 : 其實, 現 在 的 全 自 動 對 焦 照 相機

yě hěn búcuò. Zhǐyào zhàoxiàng jìshù hǎo, jiù suàn
也 很 不錯。只 要 照 相 技術 好, 就 算

yòng yìbān biāozhǔn jìngtóu de zhàoxiàngjī yě néng
用 一般 標 準 鏡 頭 的 照 相機 也 能

zhàochū hǎo xiàngpiānr.
照 出 好 相 片兒。

Huá : Zhè dào yě shì. Xiǎo Tián, nǐ yòng cháng jìngtóu
華 : 這 倒 也 是。小 田 , 你 用 長 鏡頭

wa? Hē, hái jiāshang lǜguāngjìng a!
哇? 呵，還加上 濾光 鏡 啊!

Tián：Wǒ xiǎng zhào yuǎnchù nà zuò dàshà.
田 ：我 想 照 遠處那 座大廈。

Huá：Yòu xiǎng pāi yì zhāng déjiǎng xiànpiānr, shì ma?
華 ：又 想 拍 一 張 得獎 相片兒，是 嗎?

Xiáng：Xiǎo Tián zhēn xiàng zhuānyè shèyǐngshī a! Hǎo,
祥 ：小 田 真 像 專業 攝影師啊! 好，

ràng wǒ yě lái shìshi wǒ zhè xīn mǎi de biàn jiāojù
讓 我也來 試試我 這 新 買 的 變 焦距

jìngtóu zhàoxiàngjī, kànkan xiàoguǒ zěnmeyàng.
鏡頭 照 相機，看看 效果 怎麼樣。

四、練習　CD-B16

（一）請把下列廣東話說成普通話：

1. 影相
2. 相機
3. 曬相
4. 菲林
5. 同我哋一齊去影吓相。
6. 我好鍾意影相。
7. 你哋睇，幾靚呀！
8. 我哋真係好運。
9. 咁都係嘅。

（二）聆聽練習

1. 請聽錄音，寫出下列句中重複朗讀的詞語，並說明它的意思？

   a. ______________________

   b. ______________________

   c. ______________________

   d. ______________________

2. 請聽錄音在輕聲字下畫一小圈，再把謎底寫出來。

   a. 耳朵像扇子，牙齒像棍子，大腿像柱子，尾巴像繩子。（　　）

   b. 耳朵尖尖長尾巴，坐着反比站着高。看見主人搖尾巴，看門不能沒有它。（　　）

第十一課

一、語音知識　CD–B17

兒化韻

兒化韻是普通話的重要特色，有些詞（多數是名詞及少數動詞）兒化後，其韻母受“er”的影響而發出音變。在拼寫時只在音節後加“r”，如：

花兒 huār　　鳥 niǎor

（一）兒化的作用

（1）表示小巧、可愛、親切、喜愛的意味：

小貓兒	xiǎomāor	老頭兒	lǎotóur
玩藝兒	wányìr	小孩兒	xiǎoháir
寶貝兒	bǎobèir	小陳兒	xiǎo Chénr

（2）含有細小、少的意思

一會兒	yíhuìr	一點兒	yìdiǎnr
粉絲兒	fěnsīr	冰棍兒	bīnggùnr
小刀兒	xiǎodāor	錢包兒	qiánbāor

（3）區別詞義

頭 tóu （腦袋）
頭兒 tóur（上司、上級、領導人）

火星 huǒxīng（星球）
火星兒 huǒxīngr（小火點兒）

沒門 méimén（沒有門）
沒門兒 méiménr（不可能，沒希望）

一點 yìdiǎn（表時間：一點鍾）
一點兒 yìdiǎnr（數量很少）

（4）區別詞性：

黃 huáng（形容詞：黃色）
黃兒 huángr（名詞：蛋黃）

尖 jiān（形容詞：末端細小、尖銳）
尖兒 jiānr（名詞：物體銳利的末端；出類拔萃的人物或物品。）

蓋 gài（動詞：蓋上）
蓋兒 gàir（名詞：蓋子）

扣 kòu（動詞：套住、扣上）
扣兒 kòur（名詞：扣子、紐扣）

（二）練習：

1. 唱歌兒 chànggēr　　紙盒兒 zhǐhér
飯館兒 fànguǎnr　　煙捲兒 yānjuǎnr
開門兒 kāiménr　　上班兒 shàngbānr
鮮花兒 xiānhuār　　豆芽兒 dòuyár
麻花兒 máhuār　　小匣兒 xiǎoxiár
電影兒 diànyǐngr　　聊天兒 liáotiānr

鞋帶兒 xiédàir　　板櫈兒 bǎndèngr

背心兒 bèixīnr　　小曲兒 xiǎoqǔr

（2）繞口令

Xiǎo wányìr
小 玩意兒

Xiǎogǒu huíjiā lái ná pénr,
小 狗 回家 來 拿 盆兒，

Pénrli fàngzhe xiǎo wányìr.
盆兒裏放 着 小 玩意兒。

Wányìr sòng gěi xiǎo jīnyúr,
玩意兒 送 給 小 金魚兒，

Jīnyúr jiēbuzháo xiǎo wányìr,
金魚兒 接不 著 小 玩意兒，

Wányìr diào dào shuǐgāng dǐr,
玩 意兒 掉 到 水 缸 底兒，

Gāngdǐr jìng shì shítouzǐr.
缸底兒 淨 是 石頭子兒。

二、詞語　CD-B18

裝修	zhuāngxiū
傢具	jiāju
書架	shūjià
桌椅	zhuōyǐ
電腦	diànnǎo
八折	bāzhé
卷宗	juànzōng
白板	báibǎn
板擦	bǎncā
鉛筆	qiānbǐ
筆筒	bǐtǒng
橡皮	xiàngpí
尺子	chǐzi
顏色	yánsè
信紙	xìnzhǐ
辦公室	bàngōngshì
文件櫃	wénjiànguì
保險櫃	bǎoxiǎnguì
複印機	fùyìnjī
碎紙機	suìzhǐjī
釘書機	dīngshūjī

打孔機	dǎkǒngjī
裁紙刀	cáizhǐdāo
開封刀	kāifēngdāo
影印紙	yǐngyìnzhǐ
複寫紙	fùxiězhǐ
牛皮紙	niúpízhǐ
筆記本	bǐjìběn
圓珠筆	yuánzhūbǐ
熒光筆	yíngguāngbǐ
塗改液	túgǎiyè
圖釘兒	túdīngr
大頭針兒	dàtóuzhēnr
膠水兒	jiāoshuǐr
曲別針兒	qūbiézhēnr
圖文傳真機	túwén chuánzhēnjī
橡皮圈兒	xiàngpíquānr

三、課文 CD–B19

(Bàngōng Yòngjù)
辦 公 用 具

Jiǎ: Lǎo Wáng, zánmen de bàngōngshì yǐjing zhuāngxiū hǎo
甲: 老 王, 咱 們 的 辦 公 室 已經 裝 修 好

le, gāi zhuóshǒu mǎi xiē jiāju hé bàngōng yòngjù le.
了, 該 著 手 買 些 傢具和 辦公 用 具了。

Yǐ: Jiāju wǒ dìng le. Yǒu bàngōng zhuō-yǐ、shūjià、
乙: 傢具 我 訂 了。有 辦 公 桌 椅、書 架、

dàng' ànguì、wénjiànguì、bǎoxiǎnguì.
檔 案 櫃、文 件 櫃、保 險 櫃。

Jiǎ: Bàngōng yòngjù ne?
甲: 辦 公 用 具 呢?

Yǐ: Túwén chuánzhēnjī、fùyìnjī、suìzhǐjī、diànnǎo
乙: 圖 文 傳 真機、複印機、碎紙機、電 腦

hái méi dìng.
還 沒 訂。

Jiǎ: Nǐ dào Guójì Yǒuxiàn Gōngsī qù zhǎo yí wèi xìng Guō
甲: 你 到 國際 有 限 公 司去 找 一位 姓 郭

de, tā shì wǒ de hǎo péngyou, kěyǐ gěi nǐ bā zhé.
的, 他 是 我 的 好 朋 友, 可以 給 你 八 折。

Yǐ: Nàme yìxiē bàngōng yòngpǐn shìbushì yě shùnbiàn mǎi

乙：那麼一些 辦公 用品 是不是也 順 便 買

huílai ne?

回 來 呢?

Jiǎ: Dāngrán le. Bié kàn gōngsī xiǎo, yàngyàng dōu yào

甲： 當 然 了。別 看 公 司 小， 樣 樣 都 要

qíbèi ma.

齊備 嘛。

Yǐ: Nà zánmen xiān liè ge qīngdān ba. Yǐngyìnzhǐ、

乙：那 咱 們 先 列 個 清 單 吧。影 印 紙、

báibàozhǐ、xìnzhǐ、fùxiězhǐ、niúpízhǐ…….

白 報 紙、信 紙、複寫紙、 牛皮紙……。

Jiǎ: Hái yǒu wénjiànjiā、juànzōng、bǐjìběn、jìshìběn.

甲： 還 有 文 件 夾、 卷 宗 、筆記本、記事本。

Yǐ: Mǎi yí kuài báibǎn ba, yǒu shénme shì kěyǐ xiě zài

乙：買 一 塊 白 板 吧，有 甚 麼 事 可以 寫 在

báibǎn shang.

白 板 上。

Jiǎ: Hǎo wa. Zhèyàng shùnbiàn mǎi bǎncā hé báibǎnbǐ.

甲： 好 哇。這 樣 順 便 買 板 擦 和 白 板 筆。

Yǐ: Shuōdào bǐ, hái xūyào mǎi qiānbǐ、yuánzhūbǐ、

乙： 說 到 筆，還 需要 買 鉛筆、圓 珠 筆、

yíngguāngbǐ、jiāshàng bǐtǒng.
熒 光 筆、加 上 筆 筒。

Jiǎ：Hái yào mǎi xiàngpí、túgǎiyè.
甲：還 要 買 橡 皮、塗改液。

Yǐ：Dīngshūjī、dǎkǒngjī、cáizhǐdāo、kāifēngdāo、diàndòng
乙：釘 書機、打 孔機、裁 紙 刀、開 封 刀 、電 動

zhuànbǐdāo yě bù kě shǎo wa.
轉 筆刀 也 不 可 少 哇。

Jiǎ：Bié wàngle mǎi chǐzi、túdīngr、qūbiézhēnr、
甲：別 忘 了 買 尺子、圖釘兒、曲別 針兒、

dàtóuzhēnr、xiàngpíquānr、jiāoshuǐr.
大頭 針兒、 橡 皮圈兒、膠 水兒。

Yǐ：Duì le，hái děi mǎi báitiēzhǐ hé gè zhǒng yánsè
乙：對 了，還 得 買 白貼紙和 各 種 顏色

de jìshìtiē.
的 記事貼。

Jiǎ：Chàbuduō le ba，nǐ dōu jì xialai le ma？Wǒ kàn xiān
甲：差不多 了 吧，你 都 記 下來 了 嗎？我 看 先

qù mǎi zhèxiē ba!
去 買 這些 吧！

Yǐ：Hǎo ba.
乙：好 吧。

四、練習　CD–B20

（一）請把下列廣東話說成普通話：

1. 傢俬
2. 夾萬
3. 快勞
4. 粉擦
5. 原子筆
6. 擦紙膠
7. 間尺
8. 萬字夾
9. 橡筋
10. 記低

（二）聆聽練習

1. 寫出帶兒化的字

a. ________ ________ ________

________ ________ ________

b. ________ ________ ________

________ ________ ________

2. 猜謎語（打一個字）

第十二課

一、語音知識　CD-B21

複　習

（一）聲母和韻母

（1）聲母表

b	p	m	f
d	t	n	l
g	k	h	
j	q	x	
zh	ch	sh	r
z	c	s	

（2）韻母表

	i	u	ü
a	ia	ua	
o		uo	
e	ie		üe
ai		uai	
ei		uei (ui)	
ao	iao		
ou	iou (iu)		
an	ian	uan	üan
en	in	uen (un)	ün
ang	iang	uang	
eng	ing	ueng	
ong	iong		

（二）聲調

（1）普通話的四聲

第一聲 陰平 聲調符號 ˉ 媽

第二聲 陽平 聲調符號 ˊ 麻

第三聲 上聲 聲調符號 ˇ 馬

第四聲 去聲 聲調符號 ˋ 罵

（2）變調：在普通話中兩個第三聲字連讀，第一個第三聲字變讀第二聲

"一"字在第一、二、三聲字前，讀第四聲

"一"字和"不"字在第四聲字前，讀第二聲

"一"字和"不"字夾在重疊詞語中讀輕聲

（三）整體認識：zhi chi shi ri zi ci si

zhī zhí zhǐ zhì
知 直 紙 智

chī chí chǐ chì
吃 池 尺 赤

shī shí shǐ shì
詩 時 史 事

rī	rí	rǐ	rì
/	/	/	日

zī	zí	zǐ	zì
資	/	子	字

cī	cí	cǐ	cì
疵	慈	此	次

sī	sí	sǐ	sì
思	/	死	四

（四）j、q、x、y 後面的 ü 兩點省略。

例如：

居 ju　　屈 qu　　需 xu　　迂 yu

（五）iou、uei、uen 與聲母相拼時，韻母中的 o、e 省略。

例如：

秋 qiu　　堆 dui　　倫 lun

（六）ian、üan 中的 a 音讀成 ê 音。

例如：

見面 jiànmiàn　　連綿 liánmián

圓圈 yuánquān　　泉源 quányuán

（七）聲母詩（採桑）

ch　r　q　m　z
春　日　起　每　早，

c　s　j　t　n
採　桑　驚　啼　鳥；

f　g　p　b　x
風　過　撲　鼻　香，

h　k　l　zh　d　sh
花　開　落，知　多　少。

（八）韻母詩（捕魚）

en üan iang ong ie, ang ua i ou ing,
人 遠 江 空 夜，浪 滑 一 舟 輕，

er iong ê io iao, u e ai a eng;
兒 詠 誒唷 調，櫓和曖 啊 聲；

uang ao o in üe, an uan uei ian ün.
網 罩 波心月，竿 穿 水 面 雲。

ü ia iou ueng ei, uai uo -i -i uen.
魚蝦 留 甕 內，快 活 四 時 春。

北京語音表

聲母＼韻母	1														2										3									4			
	a	o	e	-i	er	ai	ei	ao	ou	an	en	ang	eng	ong	i	ia	iao	ie	iou	ian	in	iang	ing	iong	u	ua	uo	uai	uei	uan	uen	uang	ueng	U	Ue	Uan	Un
b	ba	bo				bai	bei	bao		ban	ben	bang	beng		bi		biao	bie		bian	bin		bing		bu												
p	pa	po				pai	pei	pao	pou	pan	pen	pang	peng		pi		piao	pie		pian	pin		ping		pu												
m	ma	mo				mai	mei	mao	mou	man	men	mang	meng		mi		miao	mie	miu	mian	min		ming		mu												
f	fa	fo					fei		fou	fan	fen	fang	feng												fu												
d	da		de			dai	dei	dao	dou	dan		dang	deng	dong	di		diao	die	diu	dian			ding		du		duo		dui	duan	dun						
t	ta		te			tai		tao	tou	tan		tang	teng	tong	ti		tiao	tie		tian			ting		tu		tuo		tui	tuan	tun						
n	na		ne			nai	nei	nao	nou	nan	nen	nang	neng	nong	ni		niao	nie	niu	nian	nin	niang	ning		nu		nuo			nuan				nU	nUe		
l	la		le			lai	lei	lao	lou	lan		lang	leng	long	li	lia	liao	lie	liu	lian	lin	liang	ling		lu		luo			luan	lun			lU	lUe		
z	za		ze	zi		zai	zei	zao	zou	zan	zen	zang	zeng	zong											zu		zuo		zui	zuan	zun						
c	ca		ce	ci		cai		cao	cou	can	cen	cang	ceng	cong											cu		cuo		cui	cuan	cun						
s	sa		se	si		sai		sao	sou	san	sen	sang	seng	song											su		suo		sui	suan	sun						
zh	zha		zhe	zhi		zhai	zhei	zhao	zhou	zhan	zhen	zhang	zheng	zhong											zhu	zhua	zhuo	zhuai	zhui	zhuan	zhun	zhuang					
ch	cha		che	chi		chai		chao	chou	chan	chen	chang	cheng	chong											chu	chua	chuo	chuai	chui	chuan	chun	chuang					
sh	sha		she	shi		shai	shei	shao	shou	shan	shen	shang	sheng												shu	shua	shuo	shuai	shui	shuan	shun	shuang					
r			re	ri				rao	rou	ran	ren	rang	reng	rong											ru	rua	ruo		rui	ruan	run						
j															ji	jia	jiao	jie	jiu	jian	jin	jiang	jing	jiong										ju	jue	juan	jun
q															qi	qia	qiao	qie	qiu	qian	qin	qiang	qing	qiong										qu	que	quan	qun
x															xi	xia	xiao	xie	xiu	xian	xin	xiang	xing	xiong										xu	xue	xuan	xun
g	ga		ge			gai	gei	gao	gou	gan	gen	gang	geng	gong											gu	gua	guo	guai	gui	guan	gun	guang					
k	ka		ke			kai	kei	kao	kou	kan	ken	kang	keng	kong											ku	kua	kuo	kuai	kui	kuan	kun	kuang					
h	ha		he			hai	hei	hao	hou	han	hen	hang	heng	hong											hu	hua	huo	huai	hui	huan	hun	huang					
	a	o	e		er	ai	ei	ao	ou	an	en	ang	eng	ong	yi	ya	yao	ye	you	yan	yin	yang	ying	yong	wu	wa	wo	wai	wei	wan	wen	wang	weng	yu	yue	yuan	yun

二、詞語 CD-B22

出示	chūshì	證件	zhèngjiàn
申報	shēnbào	雜誌	zázhì
毒品	dúpǐn	信箋	xìnjiān
隨身	suíshēn	翻版	fānbǎn
便宜	piányi		
違法	wéifǎ		
避免	bìmiǎn		
解釋	jiěshì		
身份證	shēnfenzhèng		
回鄉證	huíxiāngzhèng		
違禁品	wéijìnpǐn		
小皮箱	xiǎo píxiāng		
公文箱	gōngwénxiāng		
日記本	rìjìběn		
小挎包	xiǎo kuàbāo		
冒牌貨	màopáihuò		
合同草案	hétong cǎo'àn		
激光唱盤	jīguāng chàngpán		
嚴厲打擊	yánlì dǎjī		
遵守法律	zūnshǒu fǎlǜ		
樣品說明書	yàngpǐn shuōmíngshū		

三、課文 CD-B23

(Guò Hǎiguān)
過 海 關

甲.海關關員 乙.旅客

Jiǎ: Xiāngsheng, qǐng chūshì nín de zhèngjiàn.
甲: 先 生 , 請 出示 您 的 證 件。

Yǐ: Zhè shì wǒ de shēnfenzhèng, huíxiāngzhèng.
乙: 這 是 我 的 身 份 證 , 回 鄉 證 。

Jiǎ: Nín yǒu méiyǒu yào shēnbào de dōngxi, yǒu méiyǒu dài wéijìnpǐn? Bǐrú: jìnzhǐ rùkǒu de shū、zázhì、dúpǐn shénme de ?
甲: 您 有 沒有 要 申 報 的 東 西, 有 沒有 帶 違 禁品? 比如: 禁 止 入 口 的 書、雜誌、毒品 甚 麼 的?

Yǐ: Ò, wǒ dài de xíngli jiù zhè liǎng jiàn: xiǎo píxiāng hé shǒutí gōngwénxiāng, yīnggāi dēngjì de dōngxi yǐjing xiě zài huíxiāngzhèng shang le.
乙: 哦, 我 帶 的 行 李 就 這 兩 件 : 小 皮 箱 和 手提 公 文 箱 , 應 該 登 記 的 東 西 已經 寫 在 回 鄉 證 上 了。

Jiǎ: Qǐng nín dǎkāi shǒutí gōngwénxiāng hé xiǎo píxiāng.
甲: 請 您 打開 手提 公 文 箱 和 小 皮 箱。

Yǐ: Nín kànkan shǒutí gōngwénxiāng li, zhè shì yàngpǐn
乙：您 看看 手提 公 文 箱 裏，這 是 樣品

shuōmíngshū, hétong cǎo'àn, gōngsī xìnjiān, hái yǒu
說 明 書，合同 草 案，公司信箋，還 有

duō yòngtú rìjìběn, qiánbāor.
多 用途日記本，錢包兒。

Jiǎ: Nàme xiǎo píxiāng li ne?
甲：那麼 小 皮箱 裏 呢？

Yǐ: Xiǎo píxiāng li dōu shì suíshēn de yīwù yòngpǐn.
乙：小 皮箱 裏都 是 隨身 的衣物 用品。

Jiǎ: Nàme, zhèxiē shì shéme ne?
甲：那 麼， 這些 是 甚麼 呢？

Yǐ: Zhèxiē shì wǒ gāng mǎi de jīguāng chàngpán.
乙：這些 是 我 剛 買 的 激光 唱 盤。

Jiǎ: Zhèxiē dōu shì fānbǎn de jīguāng chàngpán, shì bù
甲：這 些 都 是 翻版 的 激光 唱 盤，是不

kěyǐ guòguān de.
可以 過 關 的。

Yǐ: Wǒ bù zhīdao zhè shì fānbǎn de, yǐwéi hěn piányi, jiù
乙：我 不 知道 這 是 翻 版 的，以爲 很 便宜，就

mǎile xǔduō.
買了 許多。

Jiǎ: Nǐ shǒushang ná de xiǎo kuàbāo yě shì màopáihuò.
甲：你 手 上 拿 的 小 挎包 也 是 冒牌 貨。

Yǐ: Zhè shì wǒ mǎilái zìjǐ yòng de, lìng yí ge shì sòng gěi
乙：這 是 我 買來自己 用 的，另 一個是 送 給

péngyou de.
朋 友 的。

Jiǎ: Hǎiguān zhèng yánlì dǎjī fānbǎn huódòng, mǎi fānbǎn
甲：海 關 正 嚴厲打擊翻 版 活 動，買 翻 版

de rén yě tóngyàng wéifǎ.
的 人 也 同 樣 違法。

Yǐ: Wǒ zhēnde shì bù zhīdao wa, qǐng nín yuánliàng wǒ
乙：我 真 的 是 不 知 道 哇，請 您 原 諒 我

zhèi cì ba!
這 次 吧！

Jiǎ: Měi wèi lǚkè guò hǎiguān, yídìng yào zūnshǒu fǎlǜ,
甲：每 位 旅客 過 海 關，一 定 要 遵 守 法律，

cái huì bìmiǎn bú bìyào de máfan.
才 會 避 免 不必要 的 麻 煩。

Yǐ: Nín shuō de duì, wǒ míngbai le.
乙：您 說 得 對，我 明 白 了。

Jiǎ: Jìrán nín míngbai le, wǒ jiù bù qǐsù nín le. Zhèxiē
甲：既然 您 明 白 了，我 就 不 起訴 您 了。這 些

fānbǎn jīguāng chàngpán hǎiguān mòshōu le. Zhìyú
翻版激光 唱盤 海關 沒收了。至於

xiǎo kuàbāo, wǒmen xiāngxìn nín de jiěshì, xiànzài nín
小 挎包,我們 相信您的解釋,現在您

kěyǐ guòguān le.
可以過 關 了。

Yǐ: Xièxie.
乙:謝謝。

四、練習　CD–B24

（一）請把下列廣東話說成普通話

（1）打稅

（2）皮喼

（3）手袋

（4）公事包

（5）櫃位

（6）光碟

（7）回鄉咭

（8）銀包

（9）排長龍

（二）拼讀下列詞語和句子，並寫成漢字。

1. yì gān èr jìng
2. liǎng miàn sān dāo
3. sān yán liǎng yǔ
4. sì fēn wǔ liè
5. wǔ hú sì hǎi
6. liù shén wú zhǔ
7. qī zuǐ bā shé
8. bā miàn línglóng
9. jiǔ niú yì máo

10. shí quán shí měi

11. Chē dào shān qián zhōng yǒu lù, chuán dào qiáotóu zìrán zhí.

12. Zǎochen qǐlai qī jiàn shì, chái mǐ yóu yán jiàng cù chá.

練習答案

第一課

四、(一)(1)這位 (2)那位 (3)哪位 (4)介紹一下

(5)叫甚麼名字 (6)認識了這麼多新同事。

(二)(1)-- (2)-ˋ (3)-ˇ (4)ˇ- (5)ˋˋ

(6)-ˇ (7)ˇˋ (8)ˋˊ (9)ˊ- (10)ˊˋ

第二課

四、(一) (1)怎樣計算的?

(2)我明白了。

(3)是不是算錯了?

(4)你的身份證號碼是多少?

(5)麻煩您了。

(6)不用客氣。

(二) 1. 碼頭(m.t) 2. 規範(g.f)

3. 口號(k.h) 4. 八百(b.b)

5. 電腦(d.n) 6. 老頭(l.t)

7. 開門(k.m) 8. 跑道(p.d)

9. 電話(d.h) 10. 改換(g.h)

第三課

四、（一）1. 甚麼時候出生　2. 去年年初
3. 上個月底　4. 說得很好
5. 早上　6. 上班
7. 會說普通話

（二）1. 自在（z. z）　2. 寸草（c. c）
3. 軟弱（r. r）　4. 訴訟（s. s）
5. 長城（ch. ch）　6. 莊重（zh. zh）
7. 省事（sh. sh）　8. 將軍（j. j）
9. 氣球（q. q）　10. 寫信（x. x）

第四課

四、（一）1. 怎麼走　2. 怎麼個走法
3. 坐車　4. 下車
5. 一直走　6. 向左/右拐（轉）
7. 勞駕　8. 倒車

（二）1. 阿哥（a.e）　2. 菠菜（o.ai）
3. 白鵝（ai.e）　4. 高樓（ao.ou）
5. 美貌（ei.ao）　6. 橄欖（an.an）
7. 幫忙（ang.ang）　8. 身份（en.en）
9. 恒生（eng.eng）　10. 動工（ong.ong）
11. 繁忙（an.ang）　12. 航空（ang.ong）
13. 人生（en.eng）　14. 東方（ong.ang）

第五課

四、（一） 1. 您是哪位？ 2. 劉經理在嗎？
3. 正在會客 4. 留下電話號碼
5. 回電話 6. 找我有甚麼事嗎？
7. 有要緊事

（二） 1. 恰恰（ia） 2. 謝謝（ie）
3. 渺小（iao） 4. 綉球（iu）
5. 見面（ian） 6. 香江（iang）
7. 辛勤（in） 8. 明星（ing）
9. 鮮艷（ian） 10. 玄遠（üan）
11. 均勻（ün） 12. 洶湧（iong）

第六課

四、（一） 1. 你家裏有幾口人？
2. 夠便宜的了。
3. 爲甚麼不自己買一單元？
4. 香港的樓房這麼貴。
5. 談何容易呀
6. 還算幸運
7. 不知道能不能抽得到。

（二） 1. 狀況（uang） 2. 畫畫（ua）
3. 懦弱（uo） 4. 轉換（uan）
5. 雙簧（uang） 6. 外快（uai）

7. 春筍（un）　8. 窗框（uang）

9. 嗡嗡（ueng）　10. 追隨（ui）

第七課

一、（五）猜謎語（答案）

姐妹同胞一般長，

酸甜苦辣她先嚐。

雖是三餐吃飯菜，

身體瘦長不見長。

四、（一）1. 到哪兒去旅行？　2. 甚麼旅行團 ？

3. 已經滿額　4. 甚麼時候出發？

5. 還不知道能不能成行　6. 到哪些城市？

7. 你這次還去加拿大

8. 帶他一塊兒去見識見識。

（二）1. yán'àn　2. nǚ'ér

3. yuányīn　4. fángwū

5. hé'ǎi　6. wényì

7. pèi'ǒu　8. jiāo'ào

9. yáoyuǎn　10. bēi'āi

11. Dàjiā dōu lái xuéxí Pǔtōnghuà.

12. Chén Anqìng xǐhuan kàn "Shéndiāo xiálǚ" zhè bù xiǎoshuō.

（三）（謎底：筷子）

第八課

四、（一）1. 吃午飯　2. 雪裏紅　3. 黃花　4. 木耳
5. 佐料　6. 柿子椒　7. 膻味　8. 地道

（二）1. ˊ ˇ　2. ˊ ˇ　3. ˊ ˇ
4. ˊ ˇ　5. ˊ ˇ　6. ˊ ˇ
7. ˇ ˊ ˇ　8. ˇ ˊ ˇ　9. ˇ ˊ ˇ
10. ˊ ˊ ˇ　11. ˇ ˊ ˇ　12. ˊ ˊ ˇ

（三）1. 本港產品很好。
2. 我很想買保險。
3. 你有美好理想。

第九課

四、（一）1. 訂座兒　2. 喝酒
3. 吃飯　4. 宴請
5. 乾杯　6. 幾瓶
7. 兩桌　8. 就行了
9. 吃吃喝喝

（二）1. ˋ ˋ　2. ˊ ˊ　3. ˋ ˋ　4. ˋ ˋ　5. ˋ ˋ
6. ˊ ˋ　7. ˋ ˊ　8. ˋ ˋ　9. ˊ ˋ　10. ˊ ˊ

第十課

四、（一）1. 照相
2. 照相機

3. 沖洗

4. 膠卷兒

5. 和我們一塊去照照相

6. 我很喜歡照相

7. 你們看多漂亮啊

8. 我們的運氣真好

9. 這倒也是的。

（二）1. a. 你的普通話真地道（標準）

b. 大爺，吃飯啦！（對老人的尊稱）

c. 這是人家的信，別亂拿（指自己或別人）

d. 你真大意怎麼會忘了帶身份證？（馬虎）

2. a. 大象

b. 狗

第十一課

四、（一）1. 傢具　2. 保險櫃　3. 文件夾　4. 板擦　5. 圓珠筆　6. 橡皮　7. 尺子　8. 曲別針兒　9. 橡皮圈兒　10. 記下

（二）（1）a. 奶奶去遛彎兒，市場走一圈兒。

挑好西紅柿，又選大菜花兒，

誇着扁豆嫩，黃瓜放秤盤兒。

眼看菜籃子，鮮菜冒了尖兒，

奶奶笑着說：「哪像過冬天兒」。

b. 這個小攤兒的東西真不少，有背心兒、

手絹兒和紐扣兒，還有小盤兒、小碟兒和小勺兒。

（2）老大老二和小三兒，

弟兄三個逗着玩兒，

老大踩着老二頭，

剩下小三兒在下邊兒。（答案：奈 nài）

第十二課

四、（一）1. 上稅　2. 皮箱

3. 小挎包；手提包　4. 公文包

5. 櫃台　6. 激光唱盤

7. 電子回鄉證　8. 錢包

9. 排大隊

（二）1. 一乾二淨　2. 兩面三刀

3. 三言兩語　4. 四分五裂

5. 五湖四海　6. 六神無主

7. 七嘴八舌　8. 八面玲瓏

9. 九牛一毛　10. 十全十美

11. 車到山前終有路，船到橋頭自然直。

12. 早晨起來七件事，柴米油鹽醬醋茶。